觉醒的年代：
1911—1920 年的中国

祝勇 —— 著

图书在版编目（CIP）数据

觉醒的年代：1911—1920年的中国. ／ 祝勇著.
北京：华文出版社，2025.1. -- ISBN 978-7-5075
-5894-4

Ⅰ．K250.7

中国国家版本馆CIP数据核字第2024DF1235号

觉醒的年代：1911—1920年的中国

作　　者：	祝　勇
策划编辑：	杨艳丽
责任编辑：	袁　博
助理编辑：	朱晓奕
出版发行：	华文出版社
地　　址：	北京市西城区广外大街305号8区2号楼
邮政编码：	100055
网　　址：	http://www.hwcbs.cn
电　　话：	总编室 010-58336239　发行部 010-58336212　58336230
	责任编辑 010-58336191
经　　销：	新华书店
印　　刷：	北京新华印刷有限公司
开　　本：	880×1230　1/32
印　　张：	10.125
字　　数：	198千字
版　　次：	2025年1月第1版
印　　次：	2025年1月第1次印刷
标准书号：	ISBN 978-7-5075-5894-4
定　　价：	78.00元

版权所有　侵权必究

作者近照 洪海摄

祝勇

作家，纪录片导演，艺术学博士，中国作家协会散文委员会委员。1968年出生于沈阳，现任故宫博物院研究馆员、故宫文化传播研究所所长。

主要作品有：长篇小说《国宝》《血朝廷》，美学散文集《故宫的古物之美》《故宫的古画之美》《故宫的书法风流》《在故宫寻找苏东坡》等数十部。十三卷本"祝勇故宫作品集"由人民文学出版社出版。获郭沫若散文奖、朱自清散文奖、丰子恺散文奖、《当代》文学拉力赛2017年散文总冠军、2019年长篇作品总冠军、2020年长篇作品总冠军等多种奖项。

任《苏东坡》等十余部大型纪录片总编剧，获金鹰奖、星光奖等多种影视奖项。任国务院新闻办、中央电视台大型纪录片《天山脚下》总导演，该片入选"新中国七十年纪录片百部典藏作品"。

目录

1 自序

1 **1911—1912**
传奇一·迷宫

39 **1913—1914**
传奇二·子弹

73 **1914—1916**
传奇三·天命

119 **1916—1917**
传奇四·残局

151 **1917—1918**
传奇五·歧路

189 **1917—1920**
传奇六·呐喊

215 **参考文献**

传奇一 迷宫

1911—1912

一

唐绍仪决定出走。

做出这个决定以后,唐绍仪没有犹豫。他干净利索地换上便装,没有通知任何人,只带两三个随从,走出麻线胡同3号的宅院。

胡同仿佛麻线,把他的心紧紧缠住。他的心里很闷,想摆脱那些麻线的纠缠。车夫似乎懂得了他的意思,跑起来了,越跑越快,他突然有一种失重的感觉。人力车从一条胡同折向另一条胡同,像在迷宫里穿行,接连不断的厚重的墙总是令他感到恐惧,但车夫总是能够敏捷地避开它们,像一条鱼,在墙的围困中游来游去,慢慢地,他才适应人力车的速度。他觉得自己的身体变轻了,兜风的布篷似乎成了一只风筝,带着他,忽忽悠悠地飘了起来。

民国元年,北京城密如蛛网的胡同里,这是无数辆人力车中的一辆。没有人注意，车上坐着的，是这个国家的政府总理。

　　对于这个新生的民国来说，没有人比唐绍仪更能胜任国务总理这一职务了。唐绍仪每天5点起床，逢星期一、三、五召开国务会议，二、四、六谒见袁世凯。唐德刚先生说："他具有现代政治家所应有的国际知识和经验，他和袁的长期友谊，也赢得了袁的高度信任。孙中山对他的尊重和乡情更是难能可贵。同盟会中的高干对唐也表现得极其友好，并竭力邀其加盟。由黄兴和蔡元培介绍，唐也于3月30日在一阵热烈的掌声中，宣誓加入同盟会。"[①] 对此，袁世凯是默许的，按照民国报人陶菊隐的说法，因为他需要唐绍仪成为"他与同盟会之间的一个中间型人物"[②]。

　　武昌起义以后，唐绍仪是作为袁世凯的代表，与孙中山的代表伍廷芳在上海进行谈判的，正是这场谈判，终结了大清王朝的统治，把袁世凯送入中华民国临时大总统的位置上。在复杂的局势中，他能敏锐地找到被荒草覆盖的捷径。帝制结束了，小皇帝退缩到宫殿的一隅，粗砺坚固的城墙不再守卫帝制的威严，革命也结束了，民国的第一任总统肥重的屁股坐在太和殿的西式皮椅里，安静地签署各种命令，卸职后的孙中山回到了他的故乡，在广东省香山县翠亨村的大榕树下，与老人们放声地高谈阔论。似乎一切都已尘埃落定，回到了它应有的轨道上，一道难解的方

[①] 唐德刚：《袁氏当国》，桂林：广西师范大学出版社，2004年版，第41页。
[②] 陶菊隐：《北洋军阀统治时期史话》第1册，海口：海南出版社，2006年版，第122页。

程,终于被化繁为简,求出了最大公约数,几乎同时,所有人都长吁了一口气。

但谁也没有想到,事情不是越来越简单,而是越来越复杂。

唐绍仪的女婿顾维钧曾说:"尽管唐先生和袁总统是多年拜把兄弟,非常友好,但他们看问题的角度不同,一接触实际问题,他们之间的冲突几乎是无法避免的。"[1]

袁、唐之间的冲突,需要追溯到《中华民国临时约法》的修改——武昌起义之后,由各省代表团(1912年1月28日改为临时参议院)制定《中华民国临时约法》,在这些革命党中,形成总统制与内阁制之争——"宋教仁,这个年仅30岁的小家伙,那时雄心勃勃地想做中华民国第一任国务总理,所以力主内阁制。但是中山认为,既然建立民国是要驱除鞑虏、推翻王室,则中国政府就没有再设虚君的必要,所以坚持采取美国的总统制。"[2]由于孙中山在革命党拥有独一无二的声望,这个新政权最终效仿美国宪法,采用了总统制。但是,孙中山和宋教仁都没有想到,他们不闹了,但总统与总理两制之争却会一直闹下去,府院(即总统府与国务院)之间的矛盾一再周期性地上演,使民国的政治生态陷入恶性循环,最终只能以枪炮来收拾,直到1924年第二次直奉战争以后,段祺瑞以"临时执政"名义总揽大总统

---

[1] 中国社会科学院近代史研究所译:《顾维钧回忆录》第一分册,北京:中华书局,1983年版,第91页。
[2] 唐德刚:《袁氏当国》,桂林:广西师范大学出版社,2004年版,第17页。

和内阁总理的职权，府院之间才偃旗息鼓。

孙中山将临时大总统职位让给袁世凯之后，参议院急匆匆地对《中华民国临时约法》进行修改，将总统制改为内阁制，为的是减少和制约总统的权力。所谓内阁制，实际上就是把总统当成摆设，只具有象征意义，而政府实权却掌握在内阁总理手里，总理对国会负责，总统行使权力，如任免官员、发布法律命令等，必须经由内阁副署，才能产生效力。时人说："约法用总统制，孙中山当时可适用；袁世凯的专制行为，则非责任内阁不可，而且非组织国民党的责任内阁不可。"①

《中华民国临时约法》（以下简称《临时约法》）规定，临时参议院在正式国会召集前是国家的立法机关。临时参议院成立后，在10个月内，临时总统应根据临时参议院所制定的国会选举法，进行国会的选举。国会成立后，应进行正式总统的选举，并制定宪法以代替《临时约法》。早在1912年1月5日，临时参议院议决了国会采取两院制。到8月10日，以总统名义公布了国会组织法及参议院、众议院议员选举法。

这种因人而异的制度设计，表明了西方民主制度刚在中国着陆时的水土不服。他们从不掩饰对袁世凯的怀疑，而对于袁世凯这个深谙官场之道的旧官僚而言，南方所设的种种牵绊，显然不

---

① 袁希洛：《我在辛亥革命时的一些经历和见闻》，载中国人民政治协商会议全国委员会、文史资料研究委员会编《辛亥革命回忆录》第六卷，北京：文史资料出版社，1963年版，第290页。

是一种真诚的合作态度。他们虽有让贤的诚意,却缺乏合作的诚意。并且,他们过分低估了北洋系的实力,尤其是忍耐力,为未来埋下无穷的祸患。这个为袁世凯精心设计的纸手铐,注定会被袁世凯撕得粉碎。

唐德刚说:"实质上,这是同盟会所掌握的参议院对未来的大总统所投的'不信任票',如同大相国寺菜园里的一群张三李四想对新到的和尚鲁智深来个下马威,乘他立足未稳,便把他摔到粪窖里去的一厢情愿的安排。"[①]这种小孩子的把戏,亲历过清末改革、见多识广的袁世凯一眼便可以看穿。但他深知政治的火候,在他心里,真正的大事业,都需要文火慢熬,心急吃不了热豆腐,像孙中山那样火烧火燎的,什么事情都办不成。

3月10日,袁世凯在北京宣誓就任中华民国临时大总统,任命唐绍仪为第一任总理,并组成内阁,30岁的宋教仁出任内阁农林总长,政府成员中既有前清官僚和北洋军人,也不乏革命党,这些人在几个月前还曾在奏折、书信上势不两立,在战场上拔刀相向,现在却心情复杂地站在同一个队伍里,见证中国华盛顿的诞生。

从1912年年底到1913年年初,国会在全国范围内进行了选举。随着袁世凯就任临时大总统,中国的政党政治也空前活跃起来,自武昌起义到1913年年底,新成立的党派有682个,这些党派在民初的政治舞台上经过复杂的斗争、较量、分化、组合后,到第一届国会选举之前,基本形成了4个较大的政党,即国

---

① 唐德刚:《袁氏当国》,桂林:广西师范大学出版社,2004年版,第18—19页。

民党、统一党、共和党、民主党。国民党是 1912 年 8 月 25 日，借孙中山到达北京之机，在北京湖广会馆，由同盟会、统一共和党、国民共进会、国民公党、共和实进会等 5 政党合并组成的，以革命派为主，积极推行与维护资产阶级共和制度。相比之下，统一党、共和党和民主党则以清末立宪派为主，在他们看来，中国虽有 4 万万人口，但 80% 是文盲，其余 20% 虽然粗通文字，但对民主、选举这些事情，则所知廖廖，所以，他们力主政治渐进主义，与国民党相对抗。选举揭晓，国民党在两院议员共占 392 席，占绝大多数，从而以第一大党的地位控制了国会，其他三党——统一党、共和党和民主党联合起来仅占 223 席。那一天，袁世凯真切地意识到，自己得到的仅仅是一个虚位，不要说宋教仁，就连曾经长期作为袁世凯的僚属、对袁唯命是从的唐绍仪，在袁世凯这位老上级面前也突然铁面起来，北京临时参议院成立时，袁世凯的讲话稿，须经过唐绍仪的删改才能最后定稿。对总统府的决定，唐绍仪认为不可行的就立即驳回，不给袁世凯留一点面子。他的目的是捍卫《临时约法》、捍卫内阁制，这令习惯了居高临下的袁世凯十分不适，以至于袁世凯的左右都对唐绍仪的"忘恩负义"抱有微词。

袁世凯向杨度暗暗道出了他的心事："我现在不怕国民党以暴力夺取政权，就怕他们以合法手段取得政权，把我摆在无权无勇的位子上。"[1]

---

[1] 陶菊隐：《北洋军阀统治时期史话》第 1 册，海口：海南出版社，2006 年版，第 139 页。

谁也没有料到,"(唐)这位美国通是资产阶级型的官僚,与一般封建型的奴才官僚有些区别。他醉心于西方国家的民主制度,又被'责任内阁'这类的字眼所迷惑,就不甘心做百依百顺的走狗,在某些问题上经常不向袁请示而自行处理"。①

有人向袁世凯进言说,唐绍仪与孙中山是同乡,他们勾结紧密,"现在完全倾向同盟会而不倾向总统了"。每当唐绍仪进出总统府的时候,他们就会指着唐的背影低声说:"看,今天总理又来欺负咱们的总统了。"②

有一天,袁世凯对唐绍仪说:"少川,我已经老了,你就来做总统吧!"③

袁世凯说这句话的时候,语气平和,波澜不惊,甚至还透着老朋友的宽厚与大度,挑不出一点毛病,但唐绍仪听出了这句话里的警告意味,它的真实意思是:你在找死!

唐绍仪与袁世凯的关系,终于在直隶都督的任命问题上引爆了。唐绍仪南下接收南京临时政府时,直顺议会根据各省都督皆由各省谘议局推举的先例,推举直隶人王芝祥为直隶都督。唐绍仪同意由政府加以任命。唐绍仪回京后,向袁世凯汇报了这件事,袁世凯也同意了。然而,唐绍仪没有想到,袁世凯同意是假

---

① 陶菊隐:《北洋军阀统治时期史话》第1册,海口:海南出版社,2006年版,第122页。
② 陶菊隐:《北洋军阀统治时期史话》第1册,海口:海南出版社,2006年版,第122页。
③ 陶菊隐:《北洋军阀统治时期史话》第1册,海口:海南出版社,2006年版,第123页。

的。袁世凯的语言是一个复合体,有着复杂的结构,表面上简单,实际上复杂,他的意思里面,还有另一层意思,所以与袁世凯交谈,不仅要听,还要猜。王芝祥与同盟会关系密切,由这样一个人掌握直隶的实权,袁世凯怎能睡得安稳?就在这时,"直隶五路军人"发出了反对王芝祥任直隶都督的电报,刚好给了袁世凯一个机会,收回成命,决定改派王芝祥为南方军的宣慰使,把他打发到天高皇帝远的南方去。1912年6月15日,袁世凯把未经内阁副署的,任命王芝祥为南方军宣慰使的命令公布出来。

根据《临时约法》,没有内阁副署,袁世凯的任命是无效的。唐绍仪原还有本钱和袁世凯继续周旋下去,但袁世凯那天和颜悦色的警告,让他已然乱了方寸。在袁世凯身边多年,他深知袁世凯的为人,不知自己下一步该往哪里走。他不想妥协,却没有与袁世凯拼死一搏的勇气。层层叠叠的墙、无穷无尽的门,把北京这座矩形城市分割成无数个封闭的空间,又将这些空间连成一个更大的迷宫。一切仿佛20世纪初一个外国参观者所描述的:"他穿过一堵又一堵空墙,走过一重又一重殿门,发现其后不过是又一条平淡无奇的路,通向另一堵墙、另一重门。现实虚化成梦境,目标就在这个线性迷宫的遥远尽头。他如此专注于这个目标、如此期待着高潮的到来,但这高潮似乎永远也不来临。"[①]

[①] William Wilettes, *Chinese Art*, New York: George Braziller, 1958, pp.678−679,转引自[美]巫鸿著,梅玫等译《时空中的美术——巫鸿中国美术史文编二集》,北京:生活·读书·新知三联书店,2009年版,第262页。

三十六计走为上。北京前门火车站似乎是这座迷宫之城的唯一缺口。

这一次，唐绍仪走得坚决。

人力车突然停下，唐绍仪才从沉思与回忆中醒来，他抬头，看见前门火车站的圆形拱顶，在天空中划出一道弧线，仿佛一个完美无缺的句号。从车站里走出来的人们，衣着朴素，表情平静谦和，那是典型的、民国初年的表情，既不喜悦，也不悲伤。国家大事从他们的表情上消失了，他们像一群消失了身份的人，回到了自己的日子里。北京的初夏，还没有像此时这样，呈现出长久紧张后的放松，在白昼里显现出一种肉眼里的沉寂，天空异常开阔，让人昏昏欲睡。

唐绍仪穿越人流，登上一列绿皮火车。一到天津，就匆匆下车了。

天津英租界马场道原5-17号[①]，唐绍仪曾有过一个家。1900年，八国联军的炮火把它变成了一片瓦砾，当他疯狂地扒开瓦砾，看到的是妻子和襁褓中的孩子血肉模糊的尸体。如今，马场道5-17号，已经是一个永远回不去的地址，但天津留存着他生命中最温暖的记忆，它像一张壳，把他紧紧裹住。

他在利顺德饭店登记了房间。

那一天，是1912年6月15日。

唐绍仪刚好到了知天命之年。

---

① 现天津市河西区马场道59号平安大厦附近。

二

1912年的袁世凯可谓春风得意。这一年他53岁，变得有些发福，头发和胡须都已经斑白，显出几分老相，但他的眼神依然很亮，似乎拥有一种洞穿一切迷局的力量。1913年出任美国驻华公使的芮恩施在他的回忆录中这样描述袁世凯："他身材矮胖；但脸部表情丰富，举止敏捷，粗脖子，圆脑袋，看来精力非常充沛。他的两只眼睛长得优雅而明亮，敏感而灵活，经常带着机警的神情。他锐利地盯着来访的客人，但并不显露敌意，而老是那样充满着强烈的兴趣。他的两只眼睛显示他多么敏捷地领悟（或者通常是料到）谈话的趋向，虽然，他总是聚精会神地听着，似乎对每一个新的细节都能作出判断。法国人可以看出他很像克莱蒙梭；这从中国银圆上袁世凯的肖像可以得到证明。他的身材、面部表情、头部的外形、面貌的轮廓以及胡须的式样确实与老虎总理克莱蒙梭非常相像。"[①]自从他科场失意，投奔李鸿章，在清末纷乱的政治丛林中，他从来都没有迷失过。他曾经大起大落，但他的履历里没有失败，只有出击前的蛰伏。没有人比他更能看清政治的路，他就是凭借这份超人的眼力，在中华民国临时大总统的位置上如愿以偿。

但他没想到，他的老部下、那个老实本分的唐绍仪居然站出

[①] ［美］保罗·S.芮恩施著，李抱宏、盛震溯译：《一个美国外交官使华记——1913—1919美国驻华公使回忆录》，北京：商务印书馆，1982年版，第9页。

来对他说"不"了。1912年6月16日，紫禁城里的临时大总统袁世凯收到唐绍仪发来一封电报，内容如下：

> 绍仪现因感受风寒，牵动旧疾，恳请给假五日，赴津调治。唯总理职务关系重要，不容一日旷废，并乞大总统于国务员中简派一员暂行代理。[1]

此时，唐绍仪担任中华民国首任内阁总理只有一个月；距离袁世凯出任中华民国临时大总统只有3个月；距离清帝退位只有4个月；距离中华民国临时政府在南京成立只有6个月；距离唐绍仪代表袁世凯与南方革命军议和也只有7个月。

袁世凯获知电文，立即派来说客，总统府秘书长梁士诒和陆军总长段祺瑞接连抵达天津。实际上，袁世凯不过是想做一番形式上的慰留而已，对此，唐绍仪心知肚明，所以，他留了一句狠话："若要留我，只好用棺材来吧。"[2]

就在唐绍仪出走的两个月前，袁世凯与顾维钧，曾经有过一次长谈。那时，顾维钧刚刚从美国哥伦比亚大学获得博士学位，回到北京后，任总统袁世凯的英文秘书兼国务总理唐绍仪的秘书。那天，顾维钧向袁世凯报告他和英国公使关于西藏问题的会谈情况。报告完毕后，顾维钧自然起立告辞。袁世凯示意，让他

---

[1] 张华腾：《洪宪帝制——袁氏帝梦破灭记》，北京：中华书局，2007年版，第6页。
[2] 张华腾：《洪宪帝制——袁氏帝梦破灭记》，北京：中华书局，2007年版，第6页。

稍候，要和他谈话。①

袁世凯向顾维钧提出的第一个问题，就是"中国怎样才能成为一个共和国，像中国这样的情况，实现共和意味着什么"②。

后来，顾维钧在回忆录中写道："他问我共和的含义是什么。我说共和这个词的意思是公众的国家或民有的国家。但他认为中国的老百姓怎能明白这些道理，当中国女仆打扫屋子时，把脏物和脏土扫成堆倒在大街上，她所关心的是保持屋子的清洁，大街上脏不脏她不管。我说那是自然的，那是由于她们无知。但是，即使人民缺乏教育，他们也一定爱好自由，只是他们不知道如何去获得自由，那就应由政府制订法律、制度来推动民主制度的发展。他说那会需要多长时间，不会要几个世纪吗？我说时间是需要的，不过我想用不了那么久。"③

那次谈话让顾维钧感到，"袁世凯不懂得共和国是个什么样子，也不知道共和国为什么一定会比其他形式的政体优越"④。

唐绍仪愤然出走一周后，英国《泰晤士报》驻北京记者乔·厄·莫理循在给达·狄·布拉姆的信中忧心忡忡地写道："唐

---

① 中国社会科学院近代史研究所译：《顾维钧回忆录》第1分册，北京：中华书局，1983年版，第91页。
② 中国社会科学院近代史研究所译：《顾维钧回忆录》第1分册，北京：中华书局，1983年版，第92页。
③ 中国社会科学院近代史研究所译：《顾维钧回忆录》第1分册，北京：中华书局，1983年版，第92页。
④ 中国社会科学院近代史研究所译：《顾维钧回忆录》第1分册，北京：中华书局，1983年版，第92页。

绍仪正在受精神崩溃的折磨。我恐怕他患的是迫害妄想症。他可能回北京来正式提出辞职。他再也不能当内阁总理了。他的下台必将连带海军部、教育部、农业部和司法部各部的总长的辞职，所有这些人都居于参议院中的同一党派，都是同盟会的会员。"①

果然，在10位内阁总长中，有4位同盟会籍总长，包括农林总长宋教仁、教育总长蔡元培等宣布辞职，而袁世凯手下的内阁成员，包括外交总长陆徵祥、内务总长赵秉钧、陆军总长段祺瑞、财政总长熊希龄等，则在内阁里留任。袁世凯本来就想把不听话的唐绍仪和同盟会总长扫地出门，苦于没有合适的机会，没想到唐绍仪自己玩起了失踪，4位同盟会籍总长也自动请辞。这一系列事件让袁世凯省了不少事，为他按照自己的意愿进行人事布局让出了空间。同盟会太"客气"了，盛情难却，袁世凯于是颇显涵养地对4位同盟会籍总长说："我代表四万万人请诸位留任。"蔡元培代表诸位总长的回答也令他颇为满意。蔡元培说："我们也代表四万万人请总统准我们辞职。"②

袁世凯与宋教仁、蔡元培代表的同盟会政治家们就这样"体面"地分道扬镳了，直到宋教仁遇刺身亡，双方才真正撕破脸。关于中华民国第一届内阁迅速垮台的原因，唐德刚先生认为，虚

---

① ［澳］骆惠敏编，刘桂梁等译：《清末民初政情内幕——〈泰晤士报〉驻北京记者、袁世凯政治顾问乔·厄·莫理循书信集（上卷1895—1912）》，上海：知识出版社，1986年版，第968页。
② 陶菊隐：《北洋军阀统治时期史话》第1册，海口：海南出版社，2006年版，第125页。

君这种制度设计，本身就不符合中国的历史与国情，在两千多年的政治史里面，中国出了四百多位皇帝，除了少数的亡国之君像阿斗、溥仪等等之外，有几个雄才大略的皇帝，尤其是开国之君是个虚君呢？试问汉高祖、光武帝、唐太宗、明太祖与康熙、雍正、乾隆等，哪一位是虚君？相反，我国历朝盛世如上述者之出现，几乎都是一字号的雄才大略、君权神授、独裁专制的英明之主也。在我国历史上，往往也是皇权愈大，政治愈清明，大小官吏愈不敢贪赃枉法。因为我国的皇帝向来不直接管黎民百姓，直接管黎民百姓的，是县太爷和知府、道尹之类的亲民之官和巡抚、总督之类的地方官。因此我们的皇帝陛下愈凶，愈厉害，权力愈大，直接管黎民百姓的地方官愈不敢为非作歹。所以在传统中国里，黎民百姓对权力最大的皇帝，像汉武帝、唐太宗、明成祖、清圣祖（康熙），不但没有恶感，还由衷崇拜呢！

"当然我们这四百多位皇帝，不能个个都做汉武帝、唐太宗。如果是才气平平，或贪恋酒色不喜早朝的懒皇帝，甚或像扶不起的阿斗，那就要靠宰相辅政了。宰相和皇帝一样，也有好坏嘛！像王莽，他就要乘势弄权，由宰相晋升做假皇帝，然后篡位做真皇帝了。像姬旦（周公）、萧何、曹参、魏徵、王安石、张居正，那就如钱穆所说的副皇帝（见钱穆著《中国历代政治得失》）。钱氏是中国文化史上的基本卫道之士（fundamentalist），他认为传统中国的相权，是制衡君权的法宝，比现代西方的三权分立制还要完美。其实这是入者主之的夸大。中国相权哪能制衡（check & balance）君权？它只是君权的直线延伸和代理（deputy）。皇帝若是秦皇汉武，宰相就是皇帝的爪牙。皇帝若是阿斗，那么以重典治国的诸葛丞相，就是代理皇帝，他们之间没什么制衡关系。国外的汉学家之中，有人说中国帝王专制是东方的极权暴政（oriental despotism）或嫌过分，而中国古代帝王其权力之大远非西方（occidental）任何帝王所可比拟，则是谁也不能否认的事实。"①

我想，唐先生无意为袁世凯辩护，他的意思，也绝非宣扬暴政，而只是试图回到当时的历史环境中，梳理出历史的脉络，"要有深厚的法治基础，法律才会有效。在一个毫无法治基础的社会里，独裁者必然会无法无天。……要搞真正的法治民主（我不说民主法治，因为法治在先，民主在后也），在中国需要长期不懈的努力，在那清末民初的袁世凯时代，哪会有影子呢？"②

既然孙中山不愿意做虚君，袁世凯为什么一定会做虚君？所以，不能把袁世凯预设为一个甘愿做虚君、遵守《临时约法》的临时大总统，他跨越《临时约法》、不做虚君的企图，都是"正常"的，问题不在于袁世凯不像同盟会希望的那样"安分守己"，而在于同盟会如何能够通过一个合法的平台（内阁和国会）对独裁进行约束。譬如警察与小偷，偷鸡摸狗是小偷的本性，否则他就不是称职的小偷了；如果小偷得手，追咎警察的失职与无

---

① 唐德刚：《袁氏当国》，桂林：广西师范大学出版社，2004年版，第51页。
② 唐德刚：《袁氏当国》，桂林：广西师范大学出版社，2004年版，第50—53页。

能比起谴责小偷更加重要——小偷是不需要谴责的，只要对他进行约束和惩罚就够了。从这个意义上说，与其声讨袁世凯，不如检讨同盟会阁员，这些理想主义者，把民国政治想得过于"理想"了，稍有"不理想"，他们就洁身自好，挂靴而去，草率地放弃内阁这一平台，接下来又放弃国会，把它们拱手让给袁世凯，实际上是放弃了自己的责任，他们既没有斗争的耐心，也没有前仆后继的决心和勇气，最终连制约袁世凯的机会都没有了，只能眼睁睁地看着袁世凯的权力欲望一天天地膨胀，在忍无可忍之际，重新祭起暴力革命的大旗，以千倍万倍的牺牲，弥补从前的过失。辛亥革命的成果，终于被推倒重来；而集体辞职时的那份礼貌，都因后来的血腥厮杀而变得毫无意义。

对唐绍仪的去职，孙中山非常惋惜，他说："内阁中唐少川辞职后，虽然名义上还有党人在内阁中担任总长，只怕没有多大力量，又为官僚所化，也就很难依靠了。"

唐绍仪内阁一垮，袁世凯就开始兴高采烈地组建一个超越党派的"超然内阁"。领导这个"超然内阁"的，是没有丝毫政治才能的陆徵祥。唯有如此，袁世凯才感到得心应手。袁世凯把他拟定的内阁名单交给参议院审议，同时指使军人以发通电、写匿名信、行电话、发传单等方式威胁议会，枪口下的国会，只好忍气吞声，包括同盟会在内的议员们妥协了，基本上通过了陆徵祥提交的内阁名单。在袁世凯的心里，即使国会，也不再是自己的对手。

三

在清末的宪政改革史上,袁世凯这个被认为是断送了戊戌变法的人,曾经是一个不可或缺的激进角色。谭嗣同等戊戌六君子的头颅像秋风里的落叶一样在北京菜市口飘落仅仅3年之后(1901年),身为山东巡抚的袁世凯与另几位封疆大吏张之洞(湖广总督)、刘坤一(两江总督)联名上奏变通科举,张、刘会奏主张"设文武学堂""酌改文科""停罢武科""奖励游学"。袁世凯疏列十条,建议增实学科并逐年递减旧科岁、科、乡试名额;废八股、设特科、建立新式学堂,从变通科举到废除科举,从渐废科举到骤废科举。

1905年,直隶总督袁世凯主稿,会同盛京将军赵尔巽、湖广总督张之洞、两江总督周馥、两广总督岑春煊、湖南巡抚端方同奏,请立废科举。面对这样的奏折,慈禧太后内心的纠结是可以想见的。科举自隋唐以来,就成为帝王事业的根基。尽管通过科举而步入帝国政治中枢的概率小得接近于零,但只要科举存在,民间士人奔向朝廷的脚步就义无反顾,即使那些落第者,仍然可以成为帝王价值观的承载者和传播者,而受到民众的尊重。废除科举,等于抽掉了士人们眼中一架华丽的梯子,彻底断绝了他们在社会中上行的路线,帝国的政治生态,将发生彻底的断裂。

1905年,科举取士制度正式废止,一批新式学堂取而代之。"子曰""诗云"从此变成了"声光电化"。在"学堂日多""报馆日多""书局日多"之际，亚细亚、欧罗巴、公法、民权、华盛顿、西乡隆盛……渐渐成为一代青年、众多士大夫似通非通的口头禅。一些前所未有的人群出现了，"新学生""新士人""新军人"乃至"新官吏"……一切都冠以"新"字，昭示着与古老社会的决裂。① 不久，传教士林乐知在《万国公报》发表评论："停废科举一事，直取汉唐以后腐败全国之根株，而一朝断绝之，其影响之大，于将来中国前途当有可惊可骇之奇效。"② 萧功秦在《危机中的变革》一书中指出，"废除制度导致了中国历史上传统文化资源和新时代价值之间最重大的一次文化断裂"，这种制度资源的丧失，同时也为清朝的覆灭起到了釜底抽薪的作用。③

废除科举，只是大清帝国改革政治的第一步，它的最终目标，是建立宪政制度，即立宪。立宪，是指一种以宪法为中心的民主政治。这个与华夏文明两不相涉的西方文明内容，在早期魏源的《海国图志》和徐继畬的《瀛环志略》中，仅仅作为"夷俗"而被帝国的士大夫们所惊叹。所谓立宪，是指君主国家制定宪法、实行议会制度的政体，将中国传统的人治转变为法治。1904年，慈禧太后在仔细通读南通士人张謇刊刻的《日本宪法》之后，对枢臣们说："日本有宪法，于国家甚好。"慈禧太后的

---

① 丁三：《绘图新中国》，《生活月刊》第53期别册。
② [美] 林乐知：《中国教育之前途》，《万国公报》第39册，台北：华文书局，1968年影印本，第24014页。
③ 金满楼：《帝国的凋零——晚清的最后十年》，南昌：江西教育出版社，2008年版，第52页。

话，令帝国的要员们面面相觑，哑然无语。

1905年，44岁的端方迎来了他政治生涯中最重要的时刻——朝廷下旨，任命他为五位出洋考察宪政的大臣之一。在大臣们出发之前，慈禧太后特意召见了端方，还叫李莲英为他备些宫廷御用的点心，在路上充饥。那一天，慈禧诚恳地问端方："如今新政都已经实行了几年，你看还有什么该办，但还没有办的？"

端方回答她："尚未立宪。"

慈禧又问："立宪有什么好处？"

端方说："立宪后，皇位可以世袭罔替。"

慈禧让他细细说来。端方滔滔不绝，说了半个多小时，慈禧太后听后，若有所思，没有再说话。

当年的上海《申报》上连载了端方回国后写的《列国政要》一书序言。编者按的语言，堪称激烈："20世纪之时代，断不容专制之国更有一寸立足之地"[1]。在给慈禧的奏折中，他直言不讳地提出三权分立的政治主张，并力主裁撤宫廷太监，政治改革的雄心与力度远远超过当年戊戌变法。尽管李莲英与端方交谊不浅，尽管端方的主张完全对事不对人，但李莲英仍然没有想到端方的改革终于改到了自己头上。他和许多太监跪在太后面前哭诉，慈禧在内面对着效忠她多年的老太监们，在外面对着改革帝国政治

---

[1] 《申报》1907年7月25日。

的巨大压力，无奈地说："我如此为难，真不如跳湖而死。"①

然而，只有袁世凯敏锐地注意到这样一个事实：端方等五大臣所呈递的宪政考察报告，是由两个帝国的通缉犯捉刀完成的，他们是杨度和梁启超，这些文件包括：杨度撰写的《中国宪政大纲应吸收东西各国之所长》《实施宪政程序》和梁启超撰写的《东西各国宪政之比较》。考察随员熊希龄在日本东京与他们秘密会面，熊希龄对杨度说："五大臣做你的躯壳，你替他们装进一道灵魂，这是两得其所的事情。当他们在轮船上看海鸥，在外国看跑马和赛狗的时候，就是你们摇笔行文的时候。你的卷子必须在他们回国的时候交到。"②

晚清的政治变革，总是因人而废，从洋务运动、戊戌变法等新政到后来的立宪，这条本应清晰的历史线索却充满断点，前者无疾而终，后者另起炉灶。实际上，从洋务运动到戊戌变法，从器物到制度，存在着历史的逻辑。由维新党的代表人物梁启超、杨度来完成五大臣的考察宪政报告，是对这种连续性的最佳注解，即使受到政治变局的影响，历史本来的逻辑线索，仍隐约存在。

在许多人看来，政治上的任何小修小补、小打小闹，都不

---

① 1906年11月22日，陶湘致盛宣怀北京探报《齐东野语》，参见陈旭麓、顾廷龙、汪熙主编《盛宣怀档案资料（第3卷）辛亥革命前后》，上海：上海人民出版社，2016年版，第29—30页。
② 陶菊隐：《北洋军阀时期统治史话》上册，北京：生活·读书·新知三联书店，1983年版，第50页；王先明：《清王朝的崩溃：1911年中国实录》，天津：天津人民出版社，2006年版，第70页。

足以应对时艰、挽救这个国家。在这种情况下，什么"兴利除弊""政体清明"，不过是一句空话，唯有立宪，具有化腐朽为神奇的力量。在这样的气氛下，一些旨在推动立宪的政党、团体应运而生，其中包括杨度组建的宪政讲习会（宪政公会）和梁启超组建的政闻社。成立政党，目的是以政党替代官僚，刷新中国政治的主导力量。为此，1907年年初，梁启超邀请杨度、熊希龄前来神户，"熟商三日夜"，以勾勒这个政党的轮廓。

1908年，袁世凯在自己的府邸接受美国《纽约时报》记者托马斯·米拉德的采访。这是他平生第一次接受西方媒体的采访。托马斯·米拉德在后来发表的通讯中写道：袁世凯"说他每天清晨5点钟就起床工作，一直到晚上9点钟才休息，期间只有短暂的用餐和休息时间，除非偶尔有别的任务让他离开日常工作"[1]。

在谈到改革的主要任务时，袁世凯列举了三个方面："我们的财政制度、货币流通体系，以及法律结构。"他说："只有做好了这些事，大清国才能恢复完整的主权。而且，也只有等她彻底恢复了主权，才能真正理顺国家正常的经济和政治生活。这三项改革中的任何一项都与其他两项有着密不可分的依赖关系。"[2]

---

[1] 郑曦原编：《帝国的回忆——〈纽约时报〉晚清观察记》，北京：生活·读书·新知三联书店，2001年版，第141页。

[2] 郑曦原编：《帝国的回忆——〈纽约时报〉晚清观察记》，北京：生活·读书·新知三联书店，2001年版，第142—143页。

采访结束时，袁世凯希望利用这个机会表达他对美国总统及美国人民的诚挚问候。他希望"假如我们一时没有掌好舵，西方世界也不应该对我们批评得过于严厉和苛刻"①。

这一年，当袁世凯得知杨度回国的消息后，无法按捺住自己的兴奋，立即与张之洞联名给湖南巡抚发去一封电报，要他送杨度入都。杨度是由于料理其伯父的丧事，而在一年前回到故乡湖南的。他来得及时，也以一种看似随意的方式，走进了那段敏感的历史。那一年，杨度刚刚在日本成立了自己的政党——宪政讲习会。宋教仁1907年2月11日日记中记载："前日杨晳子等结立一党，……其宗旨在反对政府及革命党，而主张君主立宪云云。"②这一政党在6月正式成立。杨度借回到湖南这一机会，力邀武昌起义后领导了长沙起义的谭延闿等成立了宪政讲习会的湖南支部，1908年，杨度将宪政讲习会改名为宪政公会。

杨度以《中国新报》为阵地，阐发宪政理论，呼吁召开国会是"唯一救国方法"③。帝国内部保守派官员，把"人民程度不足"当作不能召开国会的根本原因，杨度则反驳，首先，人民程度没有一定标准，若以普及教育和全部实行地方自治为准，在专制政体下永远也办不到；其次，衡量人民程度高低，只能以"中

---

① 郑曦原编：《帝国的回忆——〈纽约时报〉晚清观察记》，北京：生活·读书·新知三联书店，2001年版，第144页。
② 《宋教仁日记》，第335页，转引自侯宜杰《二十世纪初中国政治改革风潮——清末立宪运动史》，北京：中国人民大学出版社，2009年版，第99页。
③ 杨度：《金铁主义说》，《中国新报》1907年1月20日—5月20日。

流社会"为标准,"一国之优秀者,常集于中流社会",因而,只要看"中流社会",就足够了,而目前国内"中流社会",大多倾向于立宪;再次,现在的中国人民程度,已经超过了英国、日本等立宪国刚刚立宪时的人民,而且人民程度是可以逐步提高的;最后,政府官员皆来自人民,如果说人民程度不够,而政府已够,是绝无道理的。①

与此同时,在帝国政坛内部,形成了以奕劻、袁世凯、徐世昌等要员为主导的立宪派,和他们站在一起的还有学部大臣张百熙,他们与民间舆论形成了"里应外合"的互动局面;而站在对立面的,主要有孙家鼐、荣庆和铁良三人,背后是一大群惧怕变革的帝国官僚。1906年8月25日,帝国举行一次廷臣会议,讨论立宪有关问题。这给了持不同政见的双方一次当面博弈的机会。袁世凯进京参加讨论之前,就对人说:"官可不做,宪法不能不立。"又说:"当以死力争。"奕劻谈不上有什么政见,他见袁老四如此坚决,吃人嘴软,自然随声附和。论辩中,双方都毫不含糊地攻击对方。此后,当官制编纂会议在原恭王府朗润园举行的时候,袁世凯要求裁撤军机处,设立内阁的论点激怒了载沣,载沣甚至"不辨是非,出口漫骂"②,会议主持人的风度,已荡然无存。载沣当着大臣的面怒骂袁世凯:"你的意思是让军机

---

① 杨度:《金铁主义说》,《中国新报》1907年1月20日—5月20日。
② 杜春和、林斌生、丘权政编:《北洋军阀史料选辑》上册,北京:中国社会科学出版社,1981年版,第49页。

大臣卷铺盖回家喽？你还不如直接说皇上靠边站呢！这种无君无祖的话，也只有你袁世凯才能说得出来！"袁世凯没有压住怒火，公然顶撞说："这是世界上所有立宪国制度的通例，非本人之意。"载沣一怒之下竟然掏出手枪，要击毙袁世凯，众大臣慌忙中夺枪，袁世凯才躲过一劫……

袁世凯在戊戌年与梁启超结了怨，自认难以取得梁启超的谅解和支持，但他与杨度无怨，而且，杨度是屈指可数的宪政专家。在围绕立宪的较量相持不下的时候，袁世凯迫不及待地等待着杨度的到来。1908 年 4 月，杨度刚刚抵达北京，就被袁世凯和张之洞举荐，在政府的立宪指导机关——宪政编查馆行走，被赏加四品京堂候补，也就是说，这个曾经被慈禧太后痛恨的钦犯，此时已经成为帝国的四品大员，只是开始时未定具体职务，后明确为"参议"，兼考核科会办。在袁世凯等人的劝说下，慈禧太后暗暗饶恕了杨度，传谕："候选郎中杨度着四品京堂候补，在宪政编查馆行走。"陶菊隐说，这是杨度与袁世凯结盟的开始。中华民国临时政府成立后，与孙中山、黄兴等人交谊深厚的杨度，代表袁世凯南下与革命党谈判，堪称不二之选。杨"斡旋其间，颇竭心力"[①]。

杨度成为四品大员 3 个月后，朝廷颁布了《各省谘议局章程》和《谘议局议员选举章程》，朝廷谕令限各省 1 年之内成立

---

① 陶菊隐：《近代轶闻》，载《民国笔记小说大观（第一辑）》第五卷，太原：山西古籍出版社，1995 年版，第 92 页。

谘议局，成立地方议会、开展地方自治的进程启动了。而在国会方面，杨度受朝廷之命，撰写了《九年预备立宪清单》，公布了《钦定宪法大纲》，制定了一幅9年立宪的政治路线图，从法律准备、户籍调查、财政准备、教育普及、巡警建设到选举办法等，堪称周详细致。此时的杨度，已经成为朝廷"预备立宪"的事实主导者之一。

摄政王载沣以宣统皇帝的名义连续发布诏旨，一再重申"仍以宣统八年为限，理无反汗，其在必行"。立宪派所期盼的立宪事业，终于驶上了正式的轨道。

《各省谘议局章程》和《谘议局议员选举章程》，对选民资格、选举规则等做出细致的规定。在选民资格方面，必须具备章程中规定的以下几个条件之一：一、曾在本省地方办理学务或其他公益事务满3年者；二、具有中学以上毕业文凭者；三、有举贡生员以上出身者；四、曾任实缺文七品或者武五品官且未参革命者；五、在本省有5000元以上的营业资本或不动产者。

根据这些条件，大清帝国四万万臣民中，只有170万人留作选民。顾炎武说，天下兴亡，匹夫有责。然而，此时的大清，匹夫只有经过国家确认，才能真正承担起天下兴亡的责任。但无论怎样，这毕竟是中国历史上第一次议员选举，从前的臣民，第一次拥有了选举权和被选举权，冰冻三尺的皇权政治，开始悄然融化。

各省谘议局的成立，对于国会的建立起到了助推器的作用，看到立宪好处的改革支持者们开始无法忍耐漫长的9年立宪预备期，希望尽早成立国会。然而，慈禧去世后成为摄政王的载沣对此的看法，与改革者却有所不同。在他看来，立宪必须循序渐进，只有先把资政院办好，打下基础，才能决定召开国会的期限，因而对人民的请愿不以为然。

在打压民间意愿的同时，载沣对朝廷内部的改革派也没有手软，袁世凯和端方相继被罢免。英国驻华公使朱尔典1910年2月写给英国外交部的1909年《中国年度报告》中说："1909年以一个进步的有影响力的政治家（袁世凯）的解职为开端，而以另一个在外人看来其自由倾向仅次于袁世凯的进步政治家端方的革职为终结。"[1]

载沣或许没有想到，袁世凯的世外桃源——河南彰德"洹上村"，已俨然成为帝国的另一个政治中心。1909年，"袁世凯51岁生日时，本来想闭门躲寿，可是京汉道上，车水马龙，往来送礼和致礼的人流不断，拜访袁世凯，成为向载沣抗议的一种方式。一年之隔，虽已为遭遣罪臣，可是仍风光无限"[2]。连詹天佑在他主持的京张铁路完工后，也给袁世凯寄来所有的工程照片，

---

[1] Ian Nish ed. Annual Peport for the year 1909, Peking, January 31, 1910, Comfidential Print and Piece number: 9462, British Document on Foreign Affairs, Part I, Series E, Aisa, Volume 14, Annual Reports on China 1906—1913, Frederich, MD: University Publications of America, 1995, pp. 108-109. 转引自张海林《端方与清末新政》，南京：南京大学出版社，2007年版，第506页。

[2] 王恺：《袁世凯：一个实用主义者的人际与权谋》，《三联生活周刊》2011年第3期。

因为西方列强在中国建造铁路的热潮中，正是袁世凯任命他为中国筹款自造的第一条铁路——京张铁路的总工程师。在袁世凯隐居的2年零8个月的时间里，前来拜访的人，有名姓可考者，竟至少有一百二三十人之多，其中有些人还不止一次到达过洹上村。袁世凯以不在的方式表明了他的存在。李鸿谷指出："由此以观，袁世凯明面上所失是权，隐性所得却是人脉资源，换言，即他充分地获得了立宪一派'被选择权'。"①主持《袁世凯全集》编纂与整理的研究员骆宝善分析说："罢官固然是仕途一大坎坷，但恰恰是他的这次闲居，坐养了民望。一旦武昌起义爆发，举国上下，各派政治力量，都把收拾局势的希望寄托在袁世凯身上，即所谓'非袁莫属'。如果不被放逐朝堂，而成为皇族内阁的汉臣权相，武昌起义发生后，至少不会被革命党人视作合作取代清室的理想对象。"②

  1911年5月8日，农历辛亥年四月初十，清廷的政治体制改革终于迈出了关键的一步——在"丙午改制"中没能裁撤的军机处，这一次被从清朝的政治构架中彻底删除，责任内阁取而代之，设外务、民政、度支、学、陆军、海军、法、农工商、邮传、理藩等10部。但这并非问题的关键，关键在于内阁的人员组成——内阁总共13人，满族占9人，这13人中皇族占7人，刚好超过半数，而汉族只有4人。

---

① 李鸿谷：《辛亥年间的中国政治格局》，《三联生活周刊》2011年第3期。
② 李鸿谷：《辛亥年间的中国政治格局》，《三联生活周刊》2011年第3期。

这无疑是一次换汤不换药的改革，改的是行政机构的空架子，不改的是以皇家为核心的帝制结构。在端方所痛阵的"断不容专制之国更有一寸立足之地"的"20世纪之时代"，所有人对"天下之大，莫非王土"这一古老信条的坚守，显得那么不合时宜。如果他们能够放弃一点自己的利益，做出一些顺应历史的变化，那么他们会获得更大的利益，也就是改革者端方所期许的"立宪后，皇位可以世袭罔替"，但专制者都是一毛不拔的，舍不得出让一点权力给人民，所以在"浩浩荡荡"的"世界潮流"中，他们即使粉身碎骨，也博不得丝毫的同情。他们不给人民机会，自己也得不到丝毫的机会。正是这份自以为是的皇族内阁名单，将立宪事业彻底断送，将大清送入万劫不复的深渊。大多数原本支持立宪的人士，立刻放弃了和平改革的立场，转而支持暴力革命。曾被上海商务总会推为赴京请愿代表的沈缦云嘲笑清廷"釜水将沸，游鱼未知"，认定"舍革命无他法"，经于右任介绍，义无反顾地加入了孙中山领导的同盟会。这种几乎蔓延全社会的"反叛"，就是黄花岗起义不能成功，而半年后的武昌起义获得成功的根本原因。遗憾的是，这种对眼前利益和专制力量的迷信并没有随着这些顽固的权贵一起进入坟墓，专制与宪政的博弈，一直纠缠着此后的历史，这让人不免想起西班牙导演布努埃尔的话，大意是："那些人死后，最好每年让他们从坟墓里溜出来，买几份报纸带回去，看看人类在他们不在的时候又干了些什么卑鄙愚蠢的事。"

四

此时的袁世凯,早已不是帝国的军机大臣,而成为中华民国的开国总统、"中国的华盛顿"。权力如同鸦片,一旦沾上,谁肯放手?他不需要再从别人的手里分权了,相反,他的当务之急,是让到手的权力不被别人分走,所以,宪政不像从前那么重要了,重要的是权力——不受限制的权力。一个"总统"的空名,对他来说毫无意义。此时,他已经赢得时间,来对付政府和国会这两大障碍。

顾维钧把民初政治结构总结为总统、内阁、国会的三角关系。在这个三角关系中,只有内阁与国会能够相互拯救,因为它们维护《临时约法》的立场是一致的,遗憾的是,在这个关键时刻,二者均采取了"各人自扫门前雪,莫管他人瓦上霜"的态度,最终被总统各个击破,等袁世凯的亲信陆徵祥主导了内阁时,一切为时已晚。

清末民初,北京市东交民巷的那座六国饭店是最气派的饭店,它是一座西洋风格的建筑,四层楼,屋顶边缘有西式护栏,还有弧形的小阳台,华丽而舒适。它建成于1900年这个历史拐点上,作为对中国传统城市的建筑入侵者,将这座传统的皇城与一个更广大的殖民世界相连。它给北京人第一次带来西方的面包、咖啡、牛排,和一整套的餐饮礼仪:雪白的餐巾如何叠放,刀叉如何使用，用餐时应当尽可能不发出咬嚼的声响，包括"凡事女士优先"这样的绅士法则。朱家溍在《老饕漫笔》序中写道，老北京的西餐派系有英、法、俄、德，英、法式最正宗的是六国饭店、北京饭店，丝毫不迁就中国人的习惯。其他二三流西餐馆入乡随俗，这些馆子里的菜名冠以英式、法式大多靠不住。英国人好吃炸土豆条，于是许多蘸面包糠的油炸鸡、鱼肉就都冠以英式，再取一些子虚乌有的菜名。[1] 与这些点滴的生活习惯密切相关的，是中国从传统帝国向现代国家的历史性变迁。

在六国饭店的客人中，张振武或许只能算个小人物，就在这一年，以蔡元培为首的使团入京，请袁世凯到南京就任大总统，由于发生兵变，就被迫躲到过六国饭店。那一使团中，就有汪精卫等大名鼎鼎的人物。1928年，川岛芳子在舞会上凭借自己的姿色和娴熟的舞步，把张作霖的副官弄得神魂颠倒，诱使他透露了张作霖回东北的确切时间，那舞会，也是在六国饭店。但张振武这位草根，却总是出现在重要的历史节点上，一年前的武昌起义是如此，1912年8月15日一次平常的宴请，仍是如此。那天晚上，张振武在六国饭店大宴京鄂要人，段芝贵坐首席，陈宧次之。张振武的脸，被威士忌烧得通红，若有若无的西洋小夜曲中，他感到略微的晕眩。西式点心的甜美，掩盖了政治的血腥味道。张振武没有想到，就在段芝贵的皮包里，夹着处决他的军

---

[1] 赵珩：《老饕漫笔：近五十年饮馔摭忆》，北京：生活·读书·新知三联书店，2011年版，序，第2—3页。

令，抬头，他只看到段芝贵的笑脸。但宴会还没有结束，段芝贵就说有点儿小事，先行告辞。其余客人，都纷纷找借口离席，神态异常诡异。张振武以为他们喝多了，没有去想这个酒意阑珊的夜晚埋伏的凶险，等宴席散去，已是夜里10点左右，他准备坐马车返回前门西边自己的住处，睡一个好觉。

从六国饭店出来的时候，他才发现，这一天是那么热，街道上一丝风也没有，不知是因为天气，或酒的作用，还是因为莫名其妙的焦虑，他感到浑身燥热，脖领子里、裤裆里都是汗。沿前门东大街向西，马路到前门的西边就不通了，需要通过临时开出的一条道，经过大清门栅栏，绕行棋盘街，这些街与门，如今都已经被天安门广场覆盖了，看不出原来的形迹。当张振武的马车刚到栅栏门时，在此守株待兔的士兵已将栅门关闭，不准通行。张振武和他带的差官，还没来得及抗拒，就被士兵们扭住了双臂。张振武被押上一辆大车，解送到西单牌楼玉皇阁军政执法处。处长陆建章面无表情地向张振武宣布：

"大总统接副总统密电，谓张振武率党徒方维在京谋不轨，破坏统一，即行正法。"

张振武一下子急了，脑门子又沁出汗，大声地问："为什么执行如此之速？"

陆建章回答："某部次长由府中来电话，令到即枪决，免生枝节。予执行职务，所知道的，只有这些。"

武昌起义"三武"之一的张振武（另两"武"是孙武和蒋翊

武），就这样被潦草地枪毙了。对于黎元洪这个在武昌起义中被哭哭啼啼地拉上了革命军政府都督位置的中华民国副总统来说，没有人比张振武更了解他的底细，他知道得太多了，黎元洪留给他的，只能是一颗直奔命门的子弹。

正副元首这种公然违法的行为，使民国政治倒退到"王叫臣死，臣不得不死"的极权时代。在民国初年，即使来自西方的诸多信息在这座城市的各个角落里回荡着，修改着人们的思想和观念，但人们还是对皇权政治更加习以为常。对于这桩"民国成立以来第一次违法杀人的大血案"[①]，似乎很少有人感到不可思议，人们似乎更关心它幕后的花边新闻，而不关心它隐含的政治信息。

陶菊隐后来评价说："君主立宪派以及其他各政党都把这个问题看作是同盟会与袁、黎之间的一个争端，竟然采取了漠不关心的态度；而同盟会本身没有决心和勇气对袁、黎进行坚决斗争，也表现出了虎头蛇尾的态度"[②]。

对于处死张振武所透露出来的杀气，孙中山采取了和事佬的态度。他在当天就公开表示：

[①] 陶菊隐：《北洋军阀统治时期史话》第1册，海口：海南出版社，2006年版，第129页。
[②] 陶菊隐：《北洋军阀统治时期史话》第1册，海口：海南出版社，2006年版，第129页。

> 以弟所见，项城①实陷于可悲之境遇，绝无可疑之余地。张振武一案，实迫于黎之急电，不能不照办。中央处于危疑之境，非将顺无以副黎之望，则南北更难统一，致一时不察，竟以至此。②

那时节，孙中山应袁世凯之邀，正在前往北京途中。巧合的是，孙中山登上"高丽号"邮船，从广州启程的那天，刚好是袁世凯任陆徵祥代理国务总理，以填补唐绍仪去职后的政治真空的那一天（6月18日）。

张振武被处死8天后（8月24日），孙中山抵达北京正阳门火车站，乘坐袁世凯为他准备的朱漆金轮马车进入中华民国首都，与国家元首袁世凯共商国是。这一年，孙中山45岁，虽已近中年，但西装革履，一表人才，玉树临风，由于无官一身轻，脸上时常挂着浅浅的微笑。在一片亲切友好的气氛中，张振武的死似乎显得微不足道，就在这一天，有人向孙中山问及对张振武之死的看法，孙中山敷衍着回答说：

> 此事之详细原因，予并未深悉，不敢妄加评断，亦不能干预。③

---

① 袁世凯为河南省项城市人，人称"袁项城"。
② 转引自陈锡祺主编《孙中山年谱长编》上册，北京：中华书局，1991年版，第712页。
③ 《孙中山绝口不谈张振武案》，《大公报》1912年8月29日。

几天后，临时参议院开会，准备弹劾政府，孙中山急忙赴参议院，与议员辩论时又说：

> 张方[①]一案，政府纯以军法从事，故取敏捷。至弹劾一说，大可不必，盖于事实毫无补救，徒费良好时光耳。[②]

这两段话，是我从1912年天津《大公报》上找到的。在20世纪80年代以后陆续出版的《孙中山全集》《孙中山集外集》《孙中山集外集补编》中，都没有收录。

或许，对于孙中山来说，时下安定团结的政治局面来得太不容易，他不想因为一个"偶然的"事件而断送这一大好的局面。

但唐绍仪不这么看，在唐绍仪看来，所谓的安定团结，不过是一种单相思而已。

很傻很天真。

此时的唐绍仪，仍处于惊魂未定的逃亡旅途中。他觉得自己跑得还不够远，12月，唐绍仪决定由天津乘轮船往上海。在轮船上，他被一个巨大的黑影挡住了去路，抬头，发现眼前站立着一个神气十足的大汉。还没等他开口，大汉就大嗓门地斥责他不应当弃职逃走。大汉越说越气，突然从腰间拔出一支盒子炮，顶

---

① 指张振武、方维。
② 《孙中山力劝取消弹劾案》，《大公报》1912年8月31日。

在唐绍仪的脑门上。唐绍仪的脸立刻变了色,他想,这个汉子一定是受袁世凯的派遣,寻机追杀他的,现在,船舱上只有他们两个人,是下手的好机会,即使开枪,枪声也会被机舱内机器的轰鸣声所吞没。一阵恐惧将唐绍仪吞噬了。但他努力镇定下来,挤出笑脸,解释他辞职的苦衷,以拖延时间。他没有想到,那个汉子听了他的解释,居然慢慢把枪放了下来,和他聊起来,唐绍仪这才知道,他不是袁世凯派来的刺客,而只是一个"游侠",他的名字叫黄祯祥。

虚惊一场的唐绍仪到上海后隐居起来,寓居数年,远离政坛。为生活计,唐绍仪后来与人集资创办金星人寿保险有限公司,自任董事长。直到1916年,在上海听到袁世凯暴病身亡的消息后,唐绍仪的宪政梦想才死灰复燃。他立刻联合当年的谈判对手伍廷芳、梁启超等知名人士,联名通电,责问段祺瑞:

> 三年约法,绝对不能视为法律。此次宣言恢复,绝对不能视为变更。今大总统之继任,及国务院之成立,均根据元年约法,一法不能两容,三年约法若为合法,则元年约法则为非法。然三年约法,非特国人均不认为法,即今天大总统及国务院之地位,皆必先不认为法,而始能存在也。[①]

[①] 蔡东藩:《民国通俗演义》,杭州:浙江人名出版社,1980年版,第609页。

1917年8月，唐绍仪南下参加护法运动，被孙中山任命为护法军政府财政总长。1919年2月，在新一轮的南北战争中，议和谈判再度开始，唐绍仪被任命为谈判代表，富于戏剧性的是，这一次，他代表的是南方政权。

　　然而，宪政的理想，最终还是弃他而去。北方，贫瘠的大地在军阀混战中煎熬着。而南方，孙中山建立的广州军政府，在唐绍仪眼中，也只是又一个军人政府而已，在制度上与北方的军阀政权没有区别。于是，唐绍仪拒绝段祺瑞的外交总长的任命在先，拒绝孙中山的军政府财政总长的任命于后，在上海"躲进小楼成一统"，① 变成了民国政坛的看客，看人起高楼，看人屋宇塌，只是民国这盘棋，他越看越糊涂了。

　　直到1929年，唐绍仪才重出江湖，来自他故乡的一个微不足道的职务——中山县训政实施委员会主席——最终打动了他。他决定把天高皇帝远的故乡，变成他的理想试验田、一片政治的净土。他在就职演说中信誓旦旦地表示，要用25年的时间，"将中山县建设成为全国各县的模范"。1931年3月16日，唐绍仪不嫌官小，担任中山县县长。毛泽东1957年1月18日在省、自治区、直辖市党委书记会议上的讲话中提到过唐绍仪："旧社会的一个内阁总理可以去当县长，为什么我们的部长倒不能去当县长？我看，那些闹级别，升得降不得的人，在这一点上，还不

---

① 借用鲁迅《自嘲》中的"躲进小楼成一统，管他冬夏与春秋。"意思是，躲进小楼，有个一统的小天下。

如这个旧官僚。"①至今，中山还流传着他的逸事，说马路修好之后，下水道的井盖老是被偷，于是他下令在井盖上铸上"盗买与盗卖，均罚50元；报信或引拿，均六成充赏"字样，后来果然没有人偷了。他为家乡的长远发展和建设着想，多次邀请省内外要人和专家前往唐家湾考察，编印《中山县发展大纲》，散发到港澳地区和海外，想方设法从各方面筹集奖金。时任广东省政府主席的陈济棠对曾经位高权重的唐绍仪心存疑虑，于1934年10月7日发动兵变，把唐绍仪办公的县政府团团包围，唐绍仪再度被迫出走。

唐绍仪一旦出走，就再也回不来了，他的出走在政治版图上形成的缺口，在他身后迅速地合拢了。这个国家缺的是理想，唯独不缺的是政客。蜂拥而至的政客，挡住了唐绍仪瘦小的身躯，在崇尚实力（暴力）的民国，心存宪政梦想的他再也找不到自己的位置。1938年9月，国民党当局因为担心唐绍仪为日本人所用，派军统上海站行动总队长赵理君亲自出马，扮成古董商，在几名助手的陪伴下，携带一些青铜器，前往福开森18号、20号②唐宅，行刺唐绍仪。就在唐绍仪目不转睛地赏玩铜锈斑斓的青铜器时，他们几乎同时在他背后抽出斧头，挟带着恐怖的风声，向他的后脑猛劈，唐绍仪连哀叫都没来得及发出就倒在了地上，他的脑袋和脑袋里的理想被劈成了几瓣，鲜艳的脑浆溅在地毯上，渗

---

① 《毛泽东选集》第五卷，北京：人民出版社，1977年版，第330页。
② 今上海市徐汇区武康路40弄1号、2号。

传奇一 迷宫

进去，眨眼就变成了深黑色。

倡行法制的中华民国首任总理就这样死于暗算，连个悠闲自得的寓公也做不成，没有审判，不需要证据，只凭传闻，以及"宁可错杀一千，也不放过一个"的决绝，就简单明了地被夺去了性命。播下龙种，收获跳蚤，这句话用在唐绍仪身上，比用在任何人的身上都更合适。唐绍仪参与缔造的民国，不再是迷宫，它已经成为斧头和黑枪的天堂，如论者所说，"'潜规则'乃至'无规则'成为真正的规则，软的怕硬的、硬的怕横的、横的则怕耍赖的，刘邦类型的无原则的'痞子'才能成为笑到最后的胜利者……"[1]对于唐绍仪这样醉心于民主政治的理想主义者来说，置身这样一个世界，还不如死了痛快。终于有人出来为他喊冤，在舆论的压力下，国史馆撰写的《唐绍仪传》对唐绍仪做出了这样首鼠两端的评价：晚年受到日本人拉拢，却最终不肯出山……

---

[1] 雪珥：《唐绍仪的沉浮》，《中国经营报》2009年10月31日。

◆ 武昌黄鹤楼，武昌革命党人1911年在这里成立革命组织"文学社"，发动武昌起义，推翻了清政府 20世纪初

◆ 清朝新军 清末

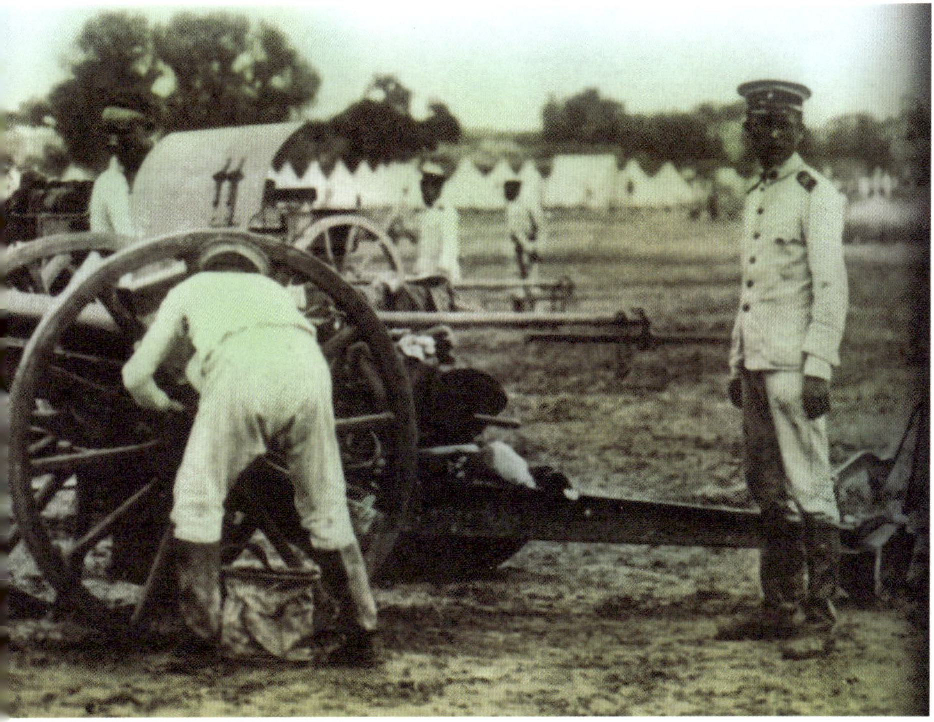

◆ 劝业会颁奖 清末

◆ 端方（前排右五）与清朝官员 清末

◆ 端方（前排右一）与清朝官员　清末

◆ 詹天佑与家人合影 清末

◆ 清军在汉口 1911年

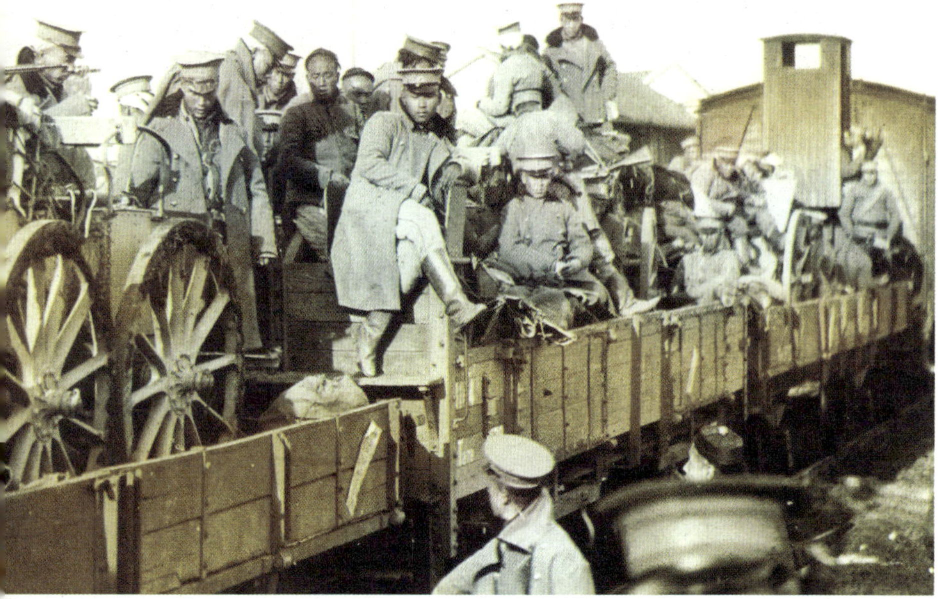

◆ 四川军政府成立庆典 1911年11月27日

◆ 成都总统府街 1911年

◆ 武昌起义成功后，从海外回国的孙中山（中）拜谒明孝陵 1911年

◆ 孙中山（前排左五）拜谒明孝陵后，与黄兴（前排左四）等人合影，1911年

◆ 孙中山（右一）带领他的官员召开内阁会议 1910—1919年

急公好義
陳英士都督
贈俆本會
光復上海有功
同志

趙國良十七歲

李君

張君

攻獅子山炸彈

黃帝紀元四千六百零九年
民國元年前一年

◆ 辛亥革命起义士兵的合影,照片上采用了黄帝纪元 1911年

全權官邸懸五色旗慶祝共和

◆ 袁世凱府邸前懸挂中華民國國旗，正式承認中華民國　民國初年

◆ 中华民国临时参议院孙中山临时大总统解职仪式后合影 1912年4月1日

◆ 中华民国第一届内阁,即唐绍仪(前排右一)内阁成员合影 1912年3月

◆ 唐绍仪 1905年

◆ 唐绍仪与夫人张氏合影 清末

◆ 唐绍仪（左二）、徐世昌（左三）、日本驻奉天总领事荻原守一（左四）、堺与三吉（左一）等合影　民国初年

◆ 唐绍仪（右一）于端午节在家乡和族中长辈合影　民国初年

◆ 法国《插图画报》上刊登的中华民国成立之初的参议院1913年2月1日

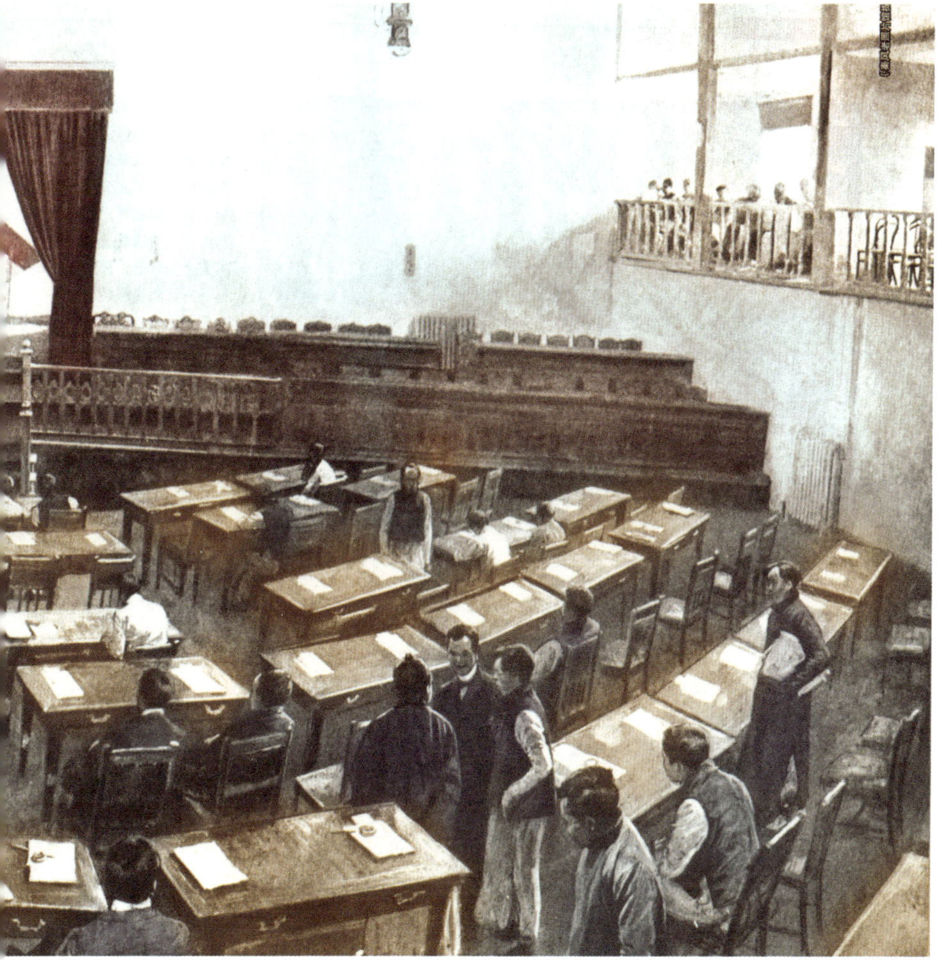

◆ 身着军装的孙中山 1911年

传奇二 子弹

1913—1914

一

那天晚上发生的事情,许多人都没有想到,直到很久以后,人们才蓦然发现,那颗子弹,早就对他虎视眈眈了。但那时,对于突发的暴力事件,人们只有惊异和无语,像很多年后一位外国作家讲的:没有人是快乐的,幸存者惊异地伫立栅栏边,人类的语言连同它所有细微的差异处,全都变成了沉默的休止符[①]。

但所有的当事人回忆那个夜晚的时候,依然觉得那只是一个平常的夜晚,和任何一个夜晚没什么两样。夜色隔住了人们的视线,使目光无法看到很远,静止的房屋和晃动的人影,像深水里的鱼,在夜的深处潜伏着,只有铁轨浮在夜的表面,像幽暗河流上的波光,清晰入目。夜色仿佛弥漫的液体,可以溶化一切坚

[①] 转引自宁肯《天·藏》,北京:北京十月文艺出版社,2010年版,第40页。

硬的物质，甚至声音。在那个夜里，他们谛听不到任何尖厉的声音。风是柔和的，还有他们告别的话语。他们在那里告别了那个名叫宋教仁的年轻朋友，但他们没有想到，这次告别将成为永别。黑夜中伸出的一支枪管，使他的黎明像终点一样永远不可能到来了，那粒微小的子弹，仿佛铁轨上一粒守株待兔的石子，暗藏杀机，它掩藏在夜里，成为夜的一部分。

宋教仁死前多日，谭人凤、陈其美和《民立报》记者徐血儿等人曾向他提醒了有关暗杀的消息，甚至准确地说出了杀人者的名字——青帮大佬应桂馨。徐血儿在宋教仁遇刺前3天见到他，亲自提醒他，宋教仁并不在意，甚至说："光天化日之政治竞争，岂容有此卑鄙残忍之手段？"他认定这一定是谣言。徐血儿与他握手告别，并再度提醒他当心，他笑着说："无妨。吾此行统一全局，调和南北，正正堂堂，何足畏惧？国家之事虽有危害，仍当并力赴之。"[1]

1913年3月20日，迷离的夜色包裹着上海北站[2]，月光下的铁轨，闪着匕首般的寒光。夜晚10时许，黄兴、廖仲恺、于右任等为即将由上海启程去北京的宋教仁送行，他们在接待室中休息了一会儿。

10时40分，吴仲华来告，请宋教仁上车。吴仲华先行，他

---

[1] 《民立报》1913年3月22日。
[2] 沪宁铁路的上海站于1908年建成，1916年沪宁铁路和沪杭铁路接轨后改名上海北站。包括陶菊隐《北洋军阀统治时期史话》在内的一些史料在谈及宋教仁遇刺地点时，皆称"上海北站"，这里沿用这一叫法。

的身后,依次是拓鲁生、黄兴、陈劲宣、宋教仁、廖仲恺。在检票口,宋教仁刚伸手去取检票员检过的车票,突然一声枪响,宋教仁随即摸着自己的腰,大声说:"我中枪了,有刺客。"他们看到一个黑影像一把刀,划开人丛,稠密的人丛随即在他身后合拢,再也看不到他的踪影。

朋友们慌忙地扶宋教仁上汽车,就近护送到靶子路①沪宁铁路医院医治。医生不在,在别室等候。宋教仁极为痛苦,但神志清楚,便用手把于右任的头拉到胸前,吃力地说:"吾痛甚,殆将不起,今以三事奉告:(一)所有在南京、北京及东京寄存之书籍,悉捐入南京图书馆。(二)我本寒家,老母尚在,如我死后,请克强与公及诸故人为我照料。(三)我为调和南北事费尽心力,造谣者及一班人民不知原委,每多误解,我受痛苦也是应当,死亦何悔?"

当晚,医生动手术钳出子弹,发现弹头有毒,宋教仁的伤势十分严重。宋从昏迷中醒转来挣扎着说:"这次我北上的目的,是要竭力调和南北意见,以便集中全国力量一致对外。"他大声地喊着痛,但又断断续续地讲下去说:"我还有很多事情要做,但我不能活下去了。请你们快拿纸笔来代我写遗电。"

黄兴匆忙照着他所说的话写了致袁世凯的遗电。电文中有如下的几句话:"伏冀大总统开诚心,布公道,竭力保障民权,俾

---

① 今上海市虹口区武进路。

国家得确定不拔之宪法，则虽死之日，犹生之年。"①

陶菊隐评论他："他临死还没有抛弃对袁的幻想，还盼望袁能够为他的将死之言所感动，能够化伪为诚，化私为公，化蹂躏民权为保障民权，化弁髦法律为尊重法律。"②

22日上午4时，宋教仁病势恶化，双手发冷，眼睛翻白，站在他身边的黄兴、于右任、陈其美、范鹤仙等，透过渐明的天光，依稀看到他眼眶里晃动的泪水，直到他一点一点地咽了气。于右任伏尸恸哭，陈其美捶胸顿足地说："不甘心，此事真不甘心！"

大家默默为他穿上西服，将他安放在椅子上，拍下了一张临终照片。晨风撩动他的头发，他好像没有死。

二

中华民国二年（1913年）的政治气候，原本风和日丽，宋教仁遇害一个多月前的2月11日，卸去职务的孙中山"识时务"地离开了中国，躲到他曾经的根据地日本去了，国民党推宋教仁代理该党的理事长。孙中山在船上读到日本《福冈日日新闻》前一天的报道："据闻孙氏此来无政治意义，盖因该国最近正酝酿

---

① 思公：《晚清尽头是民国：近现代人物的不寻常命运》，桂林：广西师范大学出版社，2009年版，第112页。
② 陶菊隐：《北洋军阀统治时期史话》第1册，海口：海南出版社，2006年版，第140页。

大总统选举运动,为避免与袁氏抗争,所以暂时寄身国外。"[1]孙中山没有介意这种说法,他的心情,是放松的,他不需要再躲避清廷的暗探,更无须为国事焦虑。共和的平台已经搭建起来了,并且按照《临时约法》制定的规则有条不紊地运行,国民党——去年8月25日,他抵达北京与袁世凯会晤时,由同盟会、统一共和党、国民共进会、国民公党、共和实进会等5政党合并组成的新政党,在国会首轮选举中,在两院共占392席,而共和、民主、统一三党联合起来仅占223席,国民党在国会中占据了压倒性的优势。这届国会,史称第一届国会,即使袁世凯不甘于三权分立的约束,国会也会逼他就范,这一压力,比起唐绍仪的政府当初给袁世凯造成的压力更大,何况总统是五年一选,并非终身制,袁世凯随时都可能下岗,而孙中山虽寄身海外,却大权在握。或许,这正是革命成功的意义所在,民主共和取代专制独裁,他如愿以偿,像他当年就职誓词中期许的:"专制政府既倒,国内无变乱,民国卓立于世界",至于"革命尚未成功,同志仍须努力",则是他后来的发现。《福冈日日新闻》在后来的报道中说,孙中山在船舱中,"始终以平民身份与乘客谈笑,尤其当与涩川玄耳谈笑中,似在热心倾听我中央政界之动静。当玄耳氏谈到我国政界虽有动乱,但在迎接阁下一行上并无任何妨碍时,

---

[1] 陈仲言译:《孙中山在福冈》,原载《近代史资料》,总第55号,转引自陈锡祺主编《孙中山年谱长编》下册,北京:中华书局,1991年版,第766页。

则放声大笑"①。

　　国内的政治舞台，留给了30岁的宋教仁。宋教仁的才华，在党内几乎无人能比，唐德刚先生称他是"（国民）党中才气最大的、声望最高的高干，也是孙公最看中的，一夜之间就能草成一篇不朽的《民元约法》"②。然而，在政治舞台上，仅凭才华，绝不能包打天下。才华成就了宋教仁，也害了宋教仁，正因为自恃才高，宋教仁才恃才傲物，锋芒毕露，没有政治家的心机与城府。对此，唐德刚先生评价说：

　　"宋是一位爱国者，一位有为有守的君子，并非可怕之人。只是他少年气盛、精力过人、心比天高、自命不凡，又生个倔强的个性，和右派大嘴巴。吧啦吧啦起来，听众掌声如潮，欢声雷动，使政敌听来，就真以为他是拔毛成兵的齐天大圣了。其实宋公金玉其外，败絮其中，他不是袁世凯、蒋介石……那一流的人物。在聚义堂中坐第一把交椅的不是80万禁军都教头的林冲，更不是力能打虎的武松，而是能调和一百单八条好汉的'及时'雨宋公明……虽然宋教仁也曾被他的政敌叫成'梁山盗魁'，但是渔父（宋的别号）是个直来直去的革命者，毕竟不是宋江。

　　"总之，宋教仁不是个有心计的人。相反，正因为他搞政治锋芒太露，不特党内党外都树敌太多，招忌太甚，纵是一般国

---

① 陈仲言译：《孙中山在福冈》，原载《近代史资料》，总第55号，转引自陈锡祺主编《孙中山年谱长编》下册，北京：中华书局，1991年版，第767页。
② 唐德刚：《袁氏当国》，桂林：广西师范大学出版社，2004年版，第66页。

人、党人，对他也不太心悦诚服，甚或同党相妒呢！"①

这样一个人，正是袁世凯网罗的最佳目标。袁世凯敏锐地注意到一个细节：时常出席各种重大场合的宋教仁，身上穿的还是他在日本做学生时穿的一套旧西服。袁世凯派人给他定做了一套新西服，宋教仁穿上这套新西服时，居然十分合身。他没有估计到袁世凯如此细致，他不知道，袁世凯是精算师，他的每一步棋，都经过周密的测算。

宋教仁在北京的时候，袁世凯借口帮助他政治活动费，送给他一本支票簿，隔了几天，宋教仁把支票簿原封不动地退还给袁世凯。袁世凯又间接表示，只要他不坚持责任内阁制，就一定借重他担任内阁总理，宋也一笑置之，没有领袁世凯的情。②

唐绍仪的首届内阁垮台后，袁世凯仍然希望宋教仁组成"混合内阁"，即只重人才不重党派，这是袁世凯拉拢宋教仁的目的所在。但袁世凯的好意被宋教仁谢绝了，这才有赵秉钧出面组成"超然内阁"（内阁中的国务委员一律脱党）。那时的宋教仁，手握国内最大政党，底气自然很足，他谁也不想求，谁也用不着求，一心想踢开各党，打造一个由国民党员组成的"政党内阁"。他目的明确，直奔主题，不会要手段，固然光明磊落，但当时的民国政坛，尽管完成了制度转型，但制度内的人，还没有真正

---

① 唐德刚：《袁氏当国》，桂林：广西师范大学出版社，2004年版，第66页。
② 陶菊隐：《北洋军阀统治时期史话》第1册，海口：海南出版社，2006年版，第139页。

成为民主之人,传统的政治手段依然畅通无阻。日本明治维新经 22 年始行召集国会,而民国在第二年就成立国会,速度之快,已让人跌破眼镜,与其相比,国民的现代化则是一个漫长的过程,与制度的现代化未必同步。宋教仁低估了他所面对的现实,没有必要的对策,也不懂"韧的战斗",他与许多国民党员一样,相信"制度万能",一厢情愿地认为制度可以解决一切,然后,就赤膊上阵了。

然而,一粒子弹,只要一粒子弹,就可以打垮他的全部理想。

三

宋教仁中枪的那一刻,依稀听到于右任在旁大呼:"遁初,此事凶手已十分之八可以破案。"①

这是因为宋教仁遇刺当日,已有消息报告于国民党,谓武士英所为,并忆知与应桂馨有关。因为有此线索,宋教仁案只用 3 天就告"破"。《民立报》说:"近年租界迭出暗杀,从未破获,如方云卿、金琴荪等,迄今未破案,唯此次宋案告破。"②对于习惯了暗杀的上海媒体来说,破案,比暗杀更加不可思议。

23 日,宋教仁葬礼的当晚,一个叫王阿发的字画古董买卖

---

① 《民立报》1913 年 3 月 25 日。
② 《民立报》1913 年 4 月 1 日。

商人报案,自称认识杀害宋教仁的凶手。他说,10天前,在应桂馨家中兜卖古董,因为是老主顾,平素很熟,应桂馨拿出一张照片,叫王阿发在某时某地把这个人暗杀掉,并许诺一千块钱的报酬。

王阿发说,自己以只懂买卖,从未杀过人为由推托。当时,他并不知道照片上的人是谁,后来在报纸上看到宋教仁的照片,正是应桂馨要杀的人。如果找到应桂馨,便可找到凶手。

上海捕房根据线索,当夜于一个名叫李桂玉的妓女家中,将正在吸食鸦片的应桂馨缉拿归案。第二天,在应桂馨住宅将刺客武士英当场拿获,并搜出公文、函电数箱,五响手枪一支。

就在这时,忽然有一个奇怪的电话打到应宅,巡捕人员接听时,电话的另一端告知应桂馨,宅中枪支无关紧要,重要的是一定要将文件藏好。似乎有知情者,不仅对事情经过了如指掌,而且在暗中引导着破案。在这个陌生人的"引导"下,巡捕迅速起获了大量秘密文件,这些文件暴露了应桂馨的背后指使者,是国务总理赵秉钧的机要秘书洪述祖。在查获的电文中,应桂馨在宋教仁遇刺当夜两点钟发给洪述祖的电文,十分引人注目:

<blockquote>号电谅悉,匪魁已灭,我军无一伤亡,堪慰。望转呈报。①</blockquote>

---

① 思公:《晚清尽头是民国:近现代人物的不寻常命运》,桂林:广西师范大学出版社,2009年版,第156页。

作为一名机要秘书，洪述祖为何要杀宋教仁？怀疑很快转移到赵秉钧身上。因为赵秉钧虽然被袁世凯任命为"超然内阁"总理，但他并不能够真正地"超然"起来，因为还有宋教仁在，有宋教仁，清一色的国民党内阁就可能取代他的"超然内阁"。但这只是推理，仅凭洪述祖的电文，还不能建立起证据链，如唐德刚先生所说："这些抄获文件，多系密电隐语，并且几乎是洪、应两人之间的片面之词，确实内容如何，亦可作不同解读。"①赵秉钧于3月26日以国务院的名义通电各省，紧急宣布宋教仁在组织一个暗杀机关："……沪上发现一种监督政府、政党之裁判机关""宣告宋教仁、梁启超、袁世凯、赵秉钧、汪荣宝等之罪状""特先判决宋教仁之死刑，即时执行。"②这一通电使杀死宋教仁的行为变得"合法"。"(他)以为这样做就能够混淆事实，就能够使人们相信上海真有这样一个暗杀机关，这个机关不但与国民党的领袖为敌，又与其他政党的领袖为敌；不但与政党的领袖为敌，又与政府的当权人物为敌"③。

但他的危机处理明显是失策的，非但没有洗清自己，反而惹火上身。在舆论的压力之下，赵秉钧走投无路，只得提出辞职，

---

① 唐德刚：《袁氏当国》，桂林：广西师范大学出版社，2004年版，第69页。
② 陶菊隐：《北洋军阀统治时期史话》第1册，海口：海南出版社，2006年版，第141页。
③ 陶菊隐：《北洋军阀统治时期史话》第1册，海口：海南出版社，2006年版，第141—142页。

并在《新纪元报》上讲，宋教仁是自己的好朋友，自己绝不可能杀他。但是，一个多月后，当赵秉钧收到上海特别法庭的传票，要求他当庭对质时，他还是选择了拒绝。

袁世凯则主动提出，通过司法手段解决宋教仁疑案。袁世凯的辩解并没有获得国民党的积极回应。黄兴等革命党人认为真正的幕后主使是袁世凯，黄兴写下这样一副挽联：

前年杀吴禄贞，去年杀张振武，今年又杀宋教仁；
你说是应桂馨，他说是洪述祖，我说确是袁世凯。

丁中江在《北洋军阀史话》中记载，22日午后4时，袁世凯午睡初起，秘书等奔告宋教仁去世的消息，袁世凯还愕然说："有这等事吗？快拿电报来。"秘书捧了束电报来，是陈贻范一电，黄克强一电，江孔殷一电。袁世凯做出极惋惜的样子说："这怎么好呢？国民党失去了宋遁初，少了一个明白事理的首脑，以后越难讲话了。"[①] 这时他还命秘书草拟电报，草拟优恤命令，处理宋教仁身后事，他马上发去慰问电：

宋君竟尔溘逝，曷胜浩叹！目前紧要关键，惟有重悬赏格，迅缉真凶，彻底根究。宋君才识卓越，服务民国，

---

① 丁中江：《北洋军阀史话》，转引自思公《晚清尽头是民国：近现代人物的不寻常命运》，桂林：广西师范大学出版社，2009年版，第160页。

> 功绩尤多，知与不知，皆为悲痛。所有身后事宜，望即会同钟文耀（即沪宁铁路总办）妥为料理。其治丧费用，应即作正当开销，以彰崇报。

而章士钊回忆说，当初宋教仁遇刺的电报传到总统府时，他正在与袁世凯吃饭，袁世凯听说以后大声叹息："遁初可惜，早知如此，何必当初？"

如果说这些都只是袁世凯的表演，那么，还有一种说法，似乎更能证明袁世凯似与杀宋教仁无关——对袁党甚为不满的京师警察总监王治馨曾经告诉国民党元老张继说："洪述祖于南行之先，见总统（按指袁世凯）一次，说现在国事艰难，总统种种为难，不过二三人反对所致，如能设法剪除，岂不甚好？袁曰：'一面捣乱尚不了，两面捣乱乎？'"他们的交谈到此为止。宋教仁死后，洪述祖从南方（上海？）归来，又见袁世凯。袁世凯问他，宋教仁究系何人加害？洪述祖答曰："这还是我们的人，替总统出力者。"袁世凯听后，立刻变了脸，非常气愤。洪述祖被袁世凯的脸色吓住了，急忙跑出总统府，到内务部告假，赴天津养病去了。①

至少从理论上讲，袁世凯此时暗杀宋教仁是不明智的，因

---

① 见《张溥泉先生全集》（回忆录），第239—240页，转引自"中华民国"各界纪念国父百年诞辰筹备委员会学术论著编纂委员会主编：《国父年谱》（下册），1965年版，第459页。

为此时的袁世凯急需得到国民党控制的国会的支持，目的在于解决他迫在眉睫的难题：借款。宋教仁此次北上，正是应袁世凯的邀请，共同商讨国家面临的各种问题，因为在国民党中，袁世凯与宋教仁最说得上话，这也是唐绍仪内阁垮台后，袁世凯有意请宋教仁组阁的原因，从宋教仁临终前给袁世凯的遗电，也可以看出他与袁世凯的关系不凡。在国民党内，袁世凯与汪精卫的私交也好，1911年11月17日，汪精卫出狱第二天，袁世凯就以大清帝国内阁总理大臣的身份，在内阁总理官署会见了汪精卫，并设宴款待。那天晚上，他们尽情畅饮，至醉而归。辛亥革命的南北战争中，汪精卫受袁世凯之托，全力调停南北，力促和谈。清帝逊位，许多革命党要人都电请袁世凯出任总统，宋、汪都在其中，可见即使在革命党中，袁世凯也颇负声望。在与宋教仁会面之前，袁世凯与国民党合作的可能性仍然存在，此时杀宋教仁，等于与国民党撕破脸皮，反目成仇，非但不能"药到病除"，使自己从困境中脱身，反而会将自己陷于更彻底的孤立，对政治格局不会有丝毫改变。

对于一个政治家来说，在"Yes"（是）与"No"（不）之间，存在着无穷的可能性，并非除了"Yes"，就只有"No"了。在一个经验主义者眼中，"Yes"与"No"，从来都不是一道二选一的选择题，而是有着无数种选择。如果把"Yes"标注为"A"，把"No"标注为"B"，那么，在线段"AB"上，存在着无数个点，可以根据时势的变化，选择无数种对策——可以向"A"移动,也可以向"B"移动。在"Yes"和"No"之间做出贸然的选择,等于把多项选择变成唯一选择,把无限变成有限,从而失去了回旋的余地,使政治失去了弹性,一个有经验的政治家,不会做出这样的选择。

首先,我们需要看一看袁世凯当时的处境。中华民国推翻大清王朝之后,其行政、建设、军事,样样都离不开钱,然而民国继承的是清朝一个空空如也的国库。与制度的迅猛变化相比,财政状况的扭转绝非一日之功。陶菊隐说:"袁政府在财政上想要开源与节流也是办不到的。在开源方面,国家的经济命脉完全掌握在帝国主义的手里,关税不可能提高,漏卮不可能堵塞,民族工商业受到严重的摧残,新税不可能举办,这些情况注定了开源的可能性是很小的。节流方面,首先应当大刀阔斧地裁减中央及各省的军队,而裁兵的先决条件是要发清欠饷,不具备这个条件,所谓裁兵计划也将成为纸上空谈。事实上,中央及各省的当权人物不但没有因财政困难和军饷无着而开始裁兵,恰恰相反,还在无限制地招兵买马,以扩张其个人势力。"[1]

无奈之中,袁世凯开始与以美国摩根财阀为核心的美、英、德、法四国银行团接触。四国银行团成立于1910年5月23日。1911年5月20日,它和清政府签订金600万英镑的借款合同,这就是引起保路风潮并导致辛亥革命的川粤汉铁路大借款。四国

---

[1] 陶菊隐:《北洋军阀统治时期史话》第1册,海口:海南出版社,2006年版,第150页。

银行团对袁世凯政府也没有客气，它的借款附有极其苛刻的政治条件（不承认这些条件就得不到借款），因此，当初的唐绍仪内阁不敢公然采取这个饮鸩止渴的政策，快被钱逼疯了的袁世凯虽然撤换了唐绍仪内阁，却也没有勇气做"盛宣怀第二"，签订借款合同。"外债谈判既然完全停顿，发行内债又无把握，这就使袁政府在财政题目上陷于走投无路的绝境。"[1]治大国若烹小鲜，此时的袁世凯，得到的不仅是国家元首的荣耀，更是一个地地道道的烂摊子，任何微小的失手都可能使民国这栋危房瞬间垮塌，所以袁世凯的每一个动作都要经过精心的推算，做到精准无误，在对待宋教仁和国民党的问题上，也是一样。

其次，即将举行"袁宋会"，举国瞩目，一如唐德刚先生在《袁氏当国》中所描述的："宋教仁是奉袁的电召于3月20日晚，从上海北站乘夜车去北京的。很多人认为宋氏此行可能是入阁拜相呢，所以送行者甚众。"[2]宋教仁的举手投足，都在众目睽睽之下，而且有"狗仔队"随场记录。暗杀通常适合于月黑风高，神不知鬼不觉地进行，在有那么多人送行的场合杀宋教仁，跟在聚光灯下行凶没有区别，毫无隐蔽性。暗杀之后，凶手也不易逃走，很容易当场被捉，落下人证，不符合杀人者"趋利避害"的原则。要杀宋教仁，什么时候都可以，唯独选择这样的时机，袁

---

[1] 陶菊隐：《北洋军阀统治时期史话》第1册，海口：海南出版社，2006年版，第150页。
[2] 唐德刚：《袁氏当国》，桂林：广西师范大学出版社，2004年版，第68页。

世凯没有这么笨，这绝对不是袁世凯的风格。当年暗杀吴禄贞，是在吴禄贞的军营里进行的，凶手割去了吴禄贞的头颅，依然全身而退，没有留下丝毫线索。这才是真正的袁氏风格。

除袁世凯、赵秉钧外，还有人把怀疑的目光投向国民党的内部，其中，陈其美是最大嫌疑人。宋教仁死后，北京国务院曾经发表一纸声明，指出：

> 宋在南方主张袁为总统，而己任内阁，陈其美一派深忌之，黄亦恶其不举己为总统，且疑其为亲袁派也，亦欲排而去之。陈于是乘其隙，日嗾其徒，倡为举黄之说，以离间黄、宋之交，而使他日内阁总理之庶归之于己。宋、陈之间暗潮已极激烈，应本陈旧部，武又黄之私人，适洪述祖因宋争内阁，恐赵不能安于其位，欲败宋之名誉，以全赵之位置，托应求宋之劣迹，应以之告陈，陈乃利用此时机，假应、武之手以杀宋，而归其罪于中央。其用心之狠毒，实为意料所不及。①

这份材料通常被当作北京政府对革命党的栽赃而轻易地放过了，然而，对于一个客观的历史分析者来说，任何史料都有它的价值，都应当公平对待，而不是先入为主地排斥。陈其美为幕后

---

① 丁中江：《北洋军阀史话》，转引自思公《晚清尽头是民国：近现代人物的不寻常命运》，桂林：广西师范大学出版社，2009年版，第178页。

指使，这一可能性至少不能排除，"他和间接杀宋的应桂馨关系太密切，他和帮会的瓜葛也错综复杂，而最重要的是他策划了许多著名的暗杀"[1]。这段分析要点有二：一是陈其美与应桂馨关系密切；二是陈其美是个暗杀狂人，甚至出于政治利益关系，连同为革命党的陶骏保、陶成章、商务印书馆创办者夏瑞芳等都死于他的枪口之下。在陶成章一案中，"他当时也是以上海都督身份，痛加斥责，积极缉捕凶手，谁也没想到他就是主使人"[2]。宋教仁遇刺后，熟悉黑道的陈其美很可能布置"线索"，"引导"破案。应桂馨被关押在陈其美的老部队的军营中，凶手武士英在预审开庭前一天突然死亡，而应桂馨"在同样地方受着特殊照顾，他的被褥、衣服全新，又有美味佳肴，甚至提供大烟，生怕他出现意外。这显然有人在关照他"[3]。应桂馨后来逃跑也颇有疑点："二次革命"爆发后，陈其美调来在辛亥革命中和他一同光复上海的老部下攻打江南制造局，其中许多是以前帮会成员为主体的部队。当时一些士兵溃逃，共二十几人被暂时关进上海检察厅的看守所，应桂馨也关在那里。当陈其美的部队退向吴淞口时，传令将这些士兵放出，但这些士兵奇怪地在看守所大闹起来，并毁掉大

---

[1] 思公：《晚清尽头是民国：近现代人物的不寻常命运》，桂林：广西师范大学出版社，2009年版，第177页。
[2] 思公：《晚清尽头是民国：近现代人物的不寻常命运》，桂林：广西师范大学出版社，2009年版，第177页。
[3] 思公：《晚清尽头是民国：近现代人物的不寻常命运》，桂林：广西师范大学出版社，2009年版，第188页。

量案件档案,应桂馨带着他们暴动,并顺利地逃之夭夭。①

关于陈其美的嫌疑,当时就有人指出。宋教仁遇刺后的 3 月 26 日,《大风日报》就发表菊人的署名文章,指出:"前者陶公焕卿之被刺,与宋君之事同出一辙也",并且暗示道:"有与宋君有权利关系者乎?有曾以一己权利之故,而以他人为牺牲者乎?此中有人不啻呼之欲出。观应桂馨出身历史,草蛇灰线,痕迹显露,以此探索,十可得八九也。"②

陈其美热衷于从子弹中寻找真理,或许从那时起,他的死就已经露出了端倪。宋教仁死亡 3 年后,1916 年 3 月的一天,上海香港路 6 号的中日实业公司来了两名不速之客,一人叫许国霖,一人叫程子安,自称是鸿丰煤矿公司的经理和协理,此行的目的,是向中日实业公司借款开矿。经洽谈,双方达成了协议,然而事情的成交,还须一位社会名人来作担保。于是,许国霖和程子安通过关系找到了在陈其美身边帮办党务的李海秋,请李海秋将借款开矿之事转告陈其美,并以贷款的 4/10,即 20 万元作为革命经费,希望陈其美出面担保。

旧时上海滩的浮光魅影,无法掩盖它背后的杀机浮动。这座城市不缺奢华与财富,也从来不缺杀手和死者。它是一座华丽的杀人工厂,它能制造宋教仁的死,也同样能制造陈其美的死。

---

① 参见思公:《晚清尽头是民国:近现代人物的不寻常命运》,桂林:广西师范大学出版社,2009 年版,第 188 页。
② 菊人:《主谋刺宋教仁果何人乎》,《大风日报》1913 年 3 月 26 日。

5月18日下午,许国霖和程子安跟随李海秋一起前往萨坡赛路14号陈其美暂住的居所。双方寒暄后,便围坐在客厅里商谈起来。就在陈其美手指轻轻掀动合同的时候,程子安和许国霖突然拔出勃朗宁手枪,向陈其美开枪。子弹打破了下午茶的安静气氛,发出尖厉的声音,在这个阳光明媚的午后显得格外刺耳。陈其美表情在瞬间凝固了,那是一个探寻的表情,因为他至死还没明白他们为什么杀他。他不知道,这是一次计划周密的行刺,比他当年更加心狠手辣,他停止呼吸的一刹,不知是否为自己这个暗杀老手死于粗心大意而深感懊悔。①

有人说,陈其美的死,是当年宋教仁之死的延续。《中国帮会大揭秘》一书中说,陈其美、青帮大佬李徵五和应桂馨都卷入了刺杀宋教仁案,后来陈其美抛出应桂馨做替罪羊,得罪了青帮大佬李徵五,因为应桂馨在青帮内是李徵五最早的徒弟之一,有很深的情分,所以,李徵五一直伺机为徒弟报仇。指挥暗杀陈其美的,正是李徵五的另一个高徒、土匪出身的张宗昌。

总之,宋教仁之死,众说纷纭,很多年后,仍然莫衷一是。他死后接踵而至的一连串奇怪的死亡,更增加了这一案件的离奇色彩。死亡的顺序,与上述怀疑线索惊人吻合:

先是嫌疑人武士英在他关押的监狱里突然死去,红十字会延请了5名西医到现场验尸,也没有发现任何线索。

随即,逃到青岛租界里躲起来,又转到北京的混世魔王应桂

---

① 参见《陈其美遇刺真相》,《天天新报》2011年10月8日。

馨，在某一个夜里，发现有 4 名大汉爬进他的根据地，吓得他仓皇逃出北京，但死神还是追上了他。就在他从北京到廊坊的火车上，他被一阵乱刀砍成肉泥。

按照这一逻辑，接下来该轮到赵秉钧了。果然，1914 年 2 月 27 日，赵秉钧突然中毒，七窍流血而死。现场依旧没有留下任何线索。有研究者说是袁世凯灭口，也有人说，袁世凯不可能将一个如此重要的政治盟友当作一个简单的杀人工具来用，那样未免太不合算。有研究者说："我们的历史有一个很不好的作风，就是当认定某个坏人后，将很多坏事都推在这个人头上，让其背黑锅。"[①]将宋案归罪于袁世凯，或许正是这一思维定式的产物。

将近 100 年过去了，站在尸体背后的人依然没有露出他们神秘的脸，宋教仁的死，已成为难以破解的历史之谜，孰是孰非，都没有确凿的证据，只有蛛丝马迹、草蛇灰线，勾连出各种各样的推理。不论暗杀宋教仁的凶手是谁，有一点是肯定的——各派政治势力苦心孤诣搭建起来的宪政框架是那么的弱不禁风，条条框框的政治条例像紧箍咒一样折磨着他们，他们更习惯于仰仗枪和子弹来探讨问题。《临时约法》文绉绉的语言捆不住你死我活的政治，那些繁复的西式语言、规规矩矩的公文格式，统统被抛在脑后了，只有子弹是最简约的符号、最有力的号召，枪声是他们通用的语言，只有在枪声中，他们才可能进行对话。因为任何

---

① 思公：《晚清尽头是民国：近现代人物的不寻常命运》，桂林：广西师范大学出版社，2009年版，第163页。

一种手段都比不上子弹更加直来直去、简便易行。康德说，历史的发展有"合目的性"，就是说，历史就像人一样，会趋利避害，择优汰劣，在无数可能性中选择一种最好的结果，但宋教仁以自己的死做出了相反的证明——宪政被抛弃，民国陷入野蛮而原始的武斗，这无论如何也不是康德所希望的好结果。子弹的窃窃私语，终于变成一场谁也听不见谁的集体喧哗。

四

宋教仁遇刺这一天，孙中山正在日本熊本县旅行，受到熊本县知事等百余人的欢迎。在长江大佐等人的陪同下，孙中山还颇有兴致地登临了天守台，远处的海，春天的风，都让他的心情变得轻松和畅快起来。

他就是在这样的好心情下猝不及防地接到宋教仁的死讯的。第二天，孙中山便启程回国。25日，抵达上海，当晚前往黄兴寓所，二人相见泪下，谓不意海外归来，失此良友，为党为国，血泪皆枯。[1]

孙中山为宋教仁题写了挽联："作公民保障，谁非后死者；为宪法流血，公真第一人。"在过往的十余年间，孙中山曾为无数的故友同志题写挽联，那些与他并肩作战的年轻人，很多人在最

---

[1] 《孙总理训辞》，原载《国民党周刊》第2期，转引自陈锡祺主编《孙中山年谱长编》下册，北京：中华书局，1991年版，第792页。

美好的年华里走向另一个世界。

孙中山题写的所有悲恸、哀婉的挽联，大多与抽象的革命、道义、牺牲有关，只有宋教仁的指向最为明确——"公民"与"宪法"，这是宋教仁为中国找到的新的路向，也是终将困扰一代人的弈局。

宋教仁的死，使袁世凯失去了得到国民党支持的可能。为了向由四国银行团演变而来的英、法、俄、德、日五国银行团取得借款，1913年4月，袁世凯终于横下一条心，在没有国民党合作的情况下，绕开国会，在五国银行团的卖身契上摁了手印，借款总额2500万英镑，史称"善后大借款"。

大借款合同的内容大致如下：

> 借款总额为2500万镑，利息五厘，实收八四折。用途指定六项：一、偿还已到期的各种款项，包括民国元年、民国二年到期的庚子赔款，六国银行团垫款，四国银行团"币制实业借款合同"的垫款，华比银行借款，五国银行团零星小借款，共约570万镑。二、赔偿各国因中国革命所受的损失200万镑。三、赎回各省政府所欠五国旧债287万镑。四、各省军队解散费300万镑。五、民国二年4月至9月中心政府行政费及工事费550万镑。六、全国盐务整顿费200余万镑。
>
> 借款担保：盐税、关税及直隶、山东、河南、江苏

四省的中心税。借款期限：47年。自第十一年起，定期还本。自第十七年后至三十二年以前，中国政府如欲将未到期之款项全部赎回或赎回其一部分，皆听中国之便。但赎回之数，每百镑债票须加二镑半；惟三十二年后赎回，则无需加价。

这种践踏《临时约法》的行径，刚好给孙中山提供了口实。"宋案发生后的第五天，孙中山邀集国民党的主要人物在上海同孚路21号黄兴的家里开会讨论对策。安徽都督柏文蔚托词到沪省亲，也参加了这个秘密会议。……孙建议国民党应该站在'先发制人'的主动地位，一面通电有关各国阻止大借款的进行，一面由国民党控制下的各个省区组织讨袁军。"①

悲愤交集的孙中山不顾黄兴反对，执意发起一场并无把握的战争，他将这场革命与辛亥革命相提并论，誉之为"二次革命"。

本来，国民党还有在国会平台上制约袁世凯的可能。5月1日，袁政府将借款题目正式咨告参众两院。然而，他的咨文中只提请国会"备案"，并不提请国会进行表决，理由是："此项借款条件，业于上年12月27日由国务总理暨财政总长赴前参议院出席报告，均经表决通过，自系当然有效""这个时候，国民党在

---

① 陶菊隐：《北洋军阀统治时期史话》第1册，海口：海南出版社，2006年版，第143页。

国会中仍然占据很大的优势,但是,国民党总部对袁政策表现得非常软弱,同时,北京处于袁政府的军警威胁之下,属于国民党的国会议员当然提不起对袁政府进行斗争的勇气。有些人为了自身的安全,避难南下或者请假缺席,甚至有些人被袁收买成为叛党分子。所以,国民党在国会中的力量是集中不起来的。"①

十几天后,列宁在《真理报》上发表了一篇题为《中国党派的斗争》的文章,称袁世凯是一个狡猾善变的人,并颇为无奈地说"最初的斗争以袁世凯的暂时胜利而告终"。在评价国民党时,列宁说:"这个党的工作永远不会落空,而由于党的政治堕落分子、冒险主义者和依靠国内反动势力的独裁者,失败还是有着各种可能的。"②

国会内的国民党溃不成军,在战场上同样一败涂地。战争发动了,没有奇迹出现。1913年7月12日,受孙中山派遣的国民党人李烈钧在江西湖口成立讨袁军司令部,发布讨袁檄文,"二次革命"正式爆发。"7月12日江西宣布独立,15日江苏宣布独立,18日安徽、广东两省宣布独立,20日福建宣布独立。22日上海国民党有关方面组织讨袁军,向盘踞制造局的北洋军进攻,北洋军将领郑汝成、李鼎新都逃登海筹兵舰,从舰上发炮轰击讨袁军所占领的吴淞炮台,制造局仍在北洋军坚守中。独立较

---

① 陶菊隐:《北洋军阀统治时期史话》第1册,海口:海南出版社,2006年版,第153页。
② 《马克思主义经典作家论孙中山》,广州:广东省理论研究室,1973年编印,第9—11页。

迟的是湖南和重庆，湖南于7月25日才宣布独立，重庆更迟到8月4日才由四川军第三师师长熊克武宣布独立。以上各省区独立日期的不一致，正说明了各省区内部意见的不一致。这些省区既有国民党力量的存在，又有非国民党力量的存在，或者国民党内部意见分歧互相牵制，在步调上不能取得一致"①"党的中枢意见分歧，党的队伍涣散无力，这就注定了国民党讨袁军必然失败的命运。"②

此次南北战争，是民国的第一次内战，它的血腥，比辛亥革命时的南北战争更加惨不忍睹。在两支军队的拉锯战中，南京先后3次宣布独立，在猛烈的炮火下，最短的一次独立只维持了6小时。而天堡城，则前后易手5次之多。在冯国璋、张勋两员北洋大将的指挥下，北洋军采用海陆协同作战，讨袁军第一师的第三团和第八师的第二十九团陷入孤军奋战，他们狮子山的守兵一直战至最后一人，炮声才沉寂下来。8月26日，北洋军如潮水般涌进朝阳门。

南京，这个六朝金粉之都，仿佛中了魔咒，它的繁华与浮艳，被一次次战争无情地撕碎了，它在劫难逃——"太平天国时代，野蛮的清军将领用三天不封刀的办法鼓励士气，在攻下一座城池之后，放纵兵士在三天之内任意地奸淫抢劫，直到第

---

① 陶菊隐:《北洋军阀统治时期史话》第1册，海口：海南出版社，2006年版，第165页。
② 陶菊隐:《北洋军阀统治时期史话》第1册，海口：海南出版社，2006年版，第160页。

四天出示安民之后,这些行为才被'禁止'。南京人民曾经遭受过这种惨无人道的蹂躏。这次张勋正是采取了这个办法,所以他挨到9月4日才进城。在前三天之中,南京又一次地化为人间地狱:雷震春的兽军在南门,张勋的兽军在北门,好像划分势力范围一样,挨家挨户地进行抢劫,上自天花板下至阴沟,都因兽军严密搜查受到破坏,只有搬不动的地皮没有被抢走;甚至有一家被抢好几次,抢光之后被兽军放火把房屋烧掉了的。"①

"奸淫与抢劫同时进行,不少妇女在秦淮河投水自杀。"②

有些兵士脱下军衣,把步枪当作扁担来搬走他们的"战利品",有些强迫人力车替他们搬运,有些则因抢赃物而开枪互击。张勋打了一次胜仗,他的兵士点起名来却少了很多,原来那些打完仗发了横财的老总们,都开小差回到家乡享福去了。③

战争,在袁世凯与国民党之间,撕开了永难愈合的裂痕,也使北京国会中的国民党议员陷入两难——是坚守国会这个宪政平台,还是投入武力斗争?"北洋军已经源源南下,国民党总部仍然畏首畏尾,举棋不定,各省当权人物仍然争权位,闹意见,正

---

① 陶菊隐:《北洋军阀统治时期史话》第1册,海口:海南出版社,2006年版,第169页。
② 陶菊隐:《北洋军阀统治时期史话》第1册,海口:海南出版社,2006年版,第169页。
③ 陶菊隐:《北洋军阀统治时期史话》第1册,海口:海南出版社,2006年版,第169—170页。

蹈了'宋人议论未定而金兵已渡河'的历史覆辙。"[1]没有统一的立场、统一的行动,国会就在国民党议员的这种摇摆不定中,气若游丝地运行着。1913年4月,宋教仁遇刺后不久,国会正式开会。9月,孙中山领导的"二次革命"临近尾声的时候,国会制定出宪法的一部分——《大总统选举法》。根据此法的规定,总统任期5年,最多连任一次,也就是说,总统的任期最多为10年。对此,袁世凯并没有表示异议,他的目标是先选上大总统再说。

这一年,《孟德思鸠法意》由商务印书馆印行并在知识界引起轰动,畅销一时,翻译者为严复。这是一部由探讨法律性质进而研究国家政治制度的法学、政治学理论专著。孟德斯鸠唾弃"君权神授"观念,认为体现人的理性的法律才是治国的根本。

袁世凯接受上海《大陆报》的采访,他告诉记者弥勒,自己要做的是华盛顿,并不是拿破仑。然而,要勉强这样一个在骨子里流淌着拿破仑血液的枭雄去做华盛顿,是何其荒唐的事情。

此时的梁启超,一面发表《说幼稚》等文章,谴责革命党发动"二次革命"是"头脑简单、办事盲动"的幼稚行为[2],其结果只能是"生灵涂炭""国事日非",一面开出他的药方——开明专制,这个开明的专制者,当然就是袁世凯。此时袁世凯,正向

---

[1] 陶菊隐:《北洋军阀统治时期史话》第1册,海口:海南出版社,2006年版,第175页。
[2] 梁启超:《说幼稚》,《庸言》第1卷第8号。

着专制的目标飞奔,至于是否开明,只有鬼知道。

10月6日,在北京象坊桥众议院会堂,大总统选举正式举行。经过3轮投票,袁世凯才涉险过关,艰难地甩掉了"临时"两个字,变成中华民国第一位正式的大总统。"忍辱负重"的国民党议员不会估计到,这一次养虎为患,将要造成什么样的后果。一个月后,他们就明白了这一点:11月4日,袁世凯下令解散国民党。1914年1月10日,袁世凯正式下令,宣布解散国会,停止议员职务,每人发给400元作为路费,饬令回籍。

一个议员用一副对联总结了这一时期诡谲莫测的政治局面,却颇具预言性:"约法已死,清风徐来。"

"清",即"清朝"之"清"也。

此时,孙中山、黄兴已遭到通缉,只好踏上了流亡日本的船。在船舱里,黄兴心情黯然地看见了对他的通缉令,上写"大总统悬赏缉拿:黄兴",大总统慷慨地开出了昂贵的赏金:10万元。

唐德刚说:"原来辛亥革命最大目的便是废除帝制,建立民国,而这个民国的建制却是以美国模式作标准的。不幸这个'二次革命'的爆发,却标志着这个美国模式的彻底'流产'。"[1]

民国第一届国会,只存在了一年就寿终正寝了。民主政治的机遇,就这样在历史中稍纵即逝。它是那样脆弱,像一只好看的花瓶,在飞舞的拳脚面前不堪一击。不用说普通国民,甚至政治

---

[1] 唐德刚:《袁氏当国》,桂林:广西师范大学出版社,2004年版,第89页。

家，都不能真正理解、运用和捍卫民主与法治。他们更习惯子弹的语言，他们相信枪的哲学，他们愿意用枪来回答由子弹提出的问题。上海北站的那声来路不明的枪声，向这个国家的宪政梦想发出了最恶毒的咒语，在经历了一系列蝴蝶效应之后，变成子弹的混战、血肉的厮杀，将新生的民国送进尸横满地的坟场。

如同袁世凯迷恋权力，孙中山相信（革命）暴力，只是他的暴力革命在袁世凯缔造的北洋军队面前不堪一击，轰轰烈烈的"二次革命"，未出两个月就烟消云散了。此后的中国，由袁和北洋势力垄断了15年，议会和宪法沦为摆设，民国沦为没有皇帝的帝国。

仅仅数月时间，从国会、政府到军队，国民党的家底几乎全部输光了，以美为师、民主共和的政体构想已经体无完肤，宋教仁奠定的政党政治开局的优势，因为这场革命而消失殆尽。所谓失之毫厘，谬以千里，1913年3月20日的上海北站，划分了两个不同性质的民国——之前是充满幻想的民国，之后则是幻想破灭的民国，如宋教仁地下有知，不知作何感想。

历史似乎真的成了一只不断旋转的陀螺，一切都仿佛回到了辛亥革命以前。1915年7月19日，广州发生当年比慈禧杖毙革命党人沈荩更残酷的惨案——对中华革命党人的凌迟处死。而此时的长沙，经常有大批武装士兵，吹着冲锋号，快如流星地，把头插标签、两手被绑、赤身露体的中华革命党人推到浏阳门外识字岭执行枪决，有时一次枪决"政治犯"多达数十名。

根据曹汝霖的回忆，此时，革命党已被称为乱党，严令缉捕，"北京暗探密布，茶馆饭店都贴有莫谈国事字条，可见人心之危惧。捕获即交军政法处，处设在虎坊桥热闹之区。处长陆建章，残忍成性，真是杀人不眨眼之人。邻近住家，于午夜常闻鬼哭狼嚎之声，皆是刑逼口供，恐枉死之人不计其数，即于院场枪毙"①。

然而，宪法政治最终沦为威权政治，原因不仅在于独裁者的权力欲望，国会中的政治精英们，以及在野的革命家们，都同样负有各自的责任。国会议员们固然不乏现代性的政治理念，但自身利益在先的本位主义，使他们无法形成合力，把脆弱的民国导入民主政治的轨道。连国民党自身都不能免俗，党同伐异，不择手段，这正是袁世凯求之不得的局面。"二次革命"失败后，孙中山"毁党造党"组建"中华革命党"，"中华革命党"党章规定党员必须发誓对他一人效忠，即"愿牺牲一己之生命自由权利，附从孙先生再举革命""永守此约，至死不渝。如有二心，甘受极刑"，党员如果叛党，除本人处以极刑，介绍人要负连带责任。对于党魁的地位，孙中山曾当仁不让地指出："再举革命，非我不行，同时要再举革命，非服从我不行。……我敢说除我外，无革命导师。……况并将'服从孙先生再举革命'一句抹煞，这是

---

① 曹汝霖：《曹汝霖一生之回忆》，北京：中国大百科全书出版社，2009年版，第153页。

我不能答应，而无退让之余地的。"①仿佛只有他，才是真正的救世主，所有革命者，必须匍匐在他的脚下，对他唯命是从。"二次革命"的失败，固然因为党纪涣散，没有统一的立场与行动，只有"民主"而没有"集中"，然而，这些带有专制色彩的做法，则走向了另一个极端，毫无现代性可言，与其说是革命党，不如说是帮会更名副其实。对此，胡汉民曾自省道：吾辈之弱点"盖当行革命专制之实，而又袭取自由民主之名"②。民主不是天外来客，而是一点点地践行出来的，以专制之手段去争取民主，等于缘木求鱼，本身即是悖论，而且为威权专制提供了一个堂而皇之的借口，使民主永远不能到来。如此，袁世凯之独裁，也可以冠以"争取民主"的好名声，孙中山与袁世凯的区别，又在哪里呢？我们今天看历史，不能把革命家预设为"正确"，那样，历史就会扁平化，而失去了它的丰富性。陈丹青说："我们的历史记忆、历史教育——假如我们果然有历史教育的话——都是严重失实、缺乏质感的。历史的某一面被夸张变形，另一面却是给藏起来，总是不在场的。"③鲁迅先生早就说过，"有缺点的战士终竟是战士，完美的苍蝇也终竟不过是苍蝇"④，我们的"知情权"、去接近历史原本"形状"的权利与冲动，却是不该被指责的，我

---

① 居正：《中华革命党时代的回忆》，转引自范书义《孙黄自由观的碰撞》，《光明日报》2005年12月20日。
② 胡汉民：《胡汉民自传》，台北：传记文学出版社，1980年版，第57页。
③ 陈丹青：《退步集续编》，桂林：广西师范大学出版社，2007年版，第234页。
④ 《鲁迅全集》第三卷，北京：人民文学出版社，2005年版，第40页。

同样相信如孙中山这样的革命家，也不会因为后人的反思甚至批评而折损形象，否则，他的形象，岂不太过脆弱？革命家的光环，是不需要用谎言来维持的，只有正视那代人的局限，才能验证时代之进步，才能理解孙中山的失败和他的困兽犹斗，才能真正体谅革命者的左右为难、他们的彷徨与苦衷。

孙中山这一加强个人集权的举动，带来的只能是更激烈的质疑，进而导致革命党的进一步分裂。黄兴和许多国民党人认为，立誓约、摁手印，是侮辱党员人格，更是培养个人专制，他们因此拒绝加入这样一个政党。1914年5月29日，孙中山致信黄兴，对黄兴从"阻挠""二次革命"到拒绝入党的"错误"进行了严厉的批判。信中说：

> 宋案发生之后，彼此主张已极端冲突；第二次[①]失败后，兄仍不能见及弟所主张是合，兄所主张是错。何以言之？若兄当日能听弟言，宋案发表之日，立即动兵，则海军也，上海制造（局）也，上海也，九江也，犹未落袁氏之手。况此时动兵，大借款必无成功，则袁氏断不能收买议员，收买军队，收买报馆以推翻舆论。此时之机，吾党有百胜之道，而兄见不及此。及借款已成，大事（势）已去，四都督已革，弟始运动第八师营长，欲冒险一发，以求一死所，又为兄所阻，不成。此等情节，

---

① 第二次、第三次分别指"二次革命""三次革命"。

则弟所不满于兄之处也。及今图第三次，弟欲负完全责任，愿附从者，必当纯然听弟之号令。今兄主张仍与弟不同，则不入会者宜也。此弟所以敬佩而满足者也。弟有所求于兄者，则望兄让我干此第三次之事，限以二年为期，过此犹不成，兄可继续出而任事，弟当让兄独办。如弟幸而成功，则请兄出面任政治之事。此时弟决意一到战场，以遂生平之志，以试生平之学。今在筹备之中。有一极要之事求兄解决者，则望禁止兄之亲信部下，对于外人，自后绝勿再言"中国军界俱是听黄先生之令，从无听孙文之令者，孙文所率者不过一班无知少年及无饭食之亡命者耳"！

弟所望党人者，今后若仍承认弟为党魁者，必当完全服从党魁之命令。因第二次之失败，全在不听我之号令耳。所以，今后弟欲为真党魁，不欲为假党魁，庶几事权统一，中国尚有救药也。①

1914年6月27日，黄兴与孙中山话别，两人没有谈及国事。席间，孙中山赠黄兴一联："安危他日终须仗，甘苦来时再共尝"，惜别之情溢于言表。3天后，黄兴在李书城、石陶均等同志的陪同下登船赴美。7月8日，中华革命党正式成立，孙中

---

① 《黄兴集》转引自陶菊隐：《北洋军阀统治时期史话》第1册，海口：海南出版社，2006年版，第180页。

山宣誓就职。他在总理之下特设"协理"一职,对黄兴虚位以待,只是黄兴直至去世也没有入党,而中华革命党协理的职位也一直无人担任。①

宋教仁不会想到,他的死牵连出如此一连串的变迁,民国的政治版图,在他死后已经面目全非。如果我们的目光穿越此起彼伏的政治飓风,把时光闪回至1913年,蝴蝶的翅膀刚刚扇动的一刹,我们会看见,雄姿英发的宋教仁,正准备登上火车,穿越黑夜与荒野,北京城里的大总统,正对他翘首以待。固然,历史不允许假设,但是,我们仍然不妨固执地发问,如果没有那粒子弹,如果那粒子弹恰巧射偏,如果子弹虽然穿入宋教仁的身体却并不致命,如果他踏上那列火车,他能够在清晨的迷雾中,顺利抵达自己的终点吗?

宪政与革命之间的距离,是否只隔着一个夜晚的距离?

---

① 陶菊隐:《北洋军阀统治时期史话》第1册,海口:海南出版社,2006年版,第182页。

◆ 宋教仁生前照　民国初年

◆ 遇刺后的宋教仁 1913年

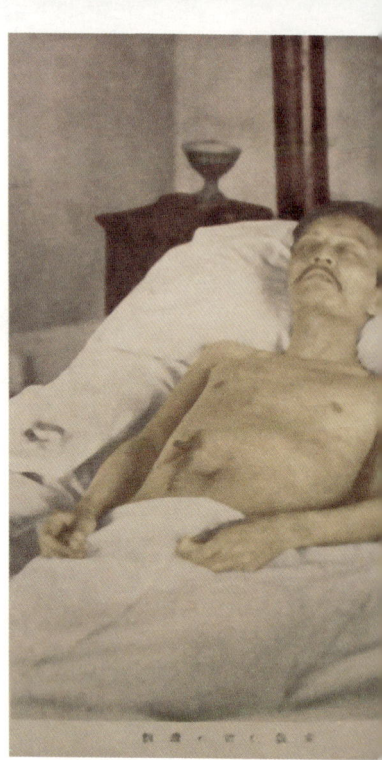

◆ 遇刺后的宋教仁 1913年

◆ 悼念宋教仁现场　1913年

◆ 就任中华民国临时大总统时的袁世凯 1912年3月10日

◆ 赵秉钧 民国初年

◆ 民国初年的男子和儿童

◆ 民国初年的儿童

◆ 民国初年的儿童

传奇三 天命

1914—1916

一

美国驻华公使芮恩施第一次见到大总统袁世凯的时候，就感觉到一种近乎残酷无情的力量：他名义上是共和主义者，但内心却是专制君主。他把清朝的全部耀眼的旧服饰都保存下来。他的侍从武官长荫昌将军也是满洲人，即清朝的司令官。荫昌略懂德语，那是他任驻德公使时学来的。袁世凯派他以极其豪华的帝国宫廷礼仪迎接芮恩施。芮恩施从排列在袁世凯两边的身材魁梧的卫队中间走过，发现袁世凯有着与腓特烈大帝相同的爱好，那就是对身体高大的人的偏爱。袁世凯躲在慈禧太后的华丽宫殿中，等待着芮恩施的到来。他的身旁分列着30个侍从将军，他们身上的军装使那个场面非常壮观。①

---

① ［美］保罗·S.芮恩施著，李抱宏、盛震溯译：《一个美国外交官使华记——1913—1919美国驻华公使回忆录》，北京：商务印书馆，1982年版，第9—10页。

1914年，袁世凯虚龄56岁，除了左腿有轻微关节炎外，体格健壮，精力充沛。很少有人知道，在他强悍的外表下，一块心病正折磨着他：从袁世凯曾祖父辈算起，到袁世凯这一代，祖孙寿命有一个奇怪现象，四代30多个男性中，先他而死的14个人里面，有13人死于虚岁58岁以前，袁世凯排行老四，前面三个哥哥已经相继去世。尤其是袁氏家族成功的标志，袁世凯的二叔祖父袁甲三在虚岁58岁时，死于钦差大臣的任上。

所以袁世凯认为，58岁是袁氏家族的阳寿年限。袁世凯的大儿子袁克定知道他父亲的这块心病，于是就不断向袁世凯灌输一个谎言，如果顺承天命，成为九五至尊，就能借机冲破58岁大限。

一位被称作郭阴阳的风水先生，在验看了袁家祖坟之后，为袁世凯留下了一句话：若称帝，应八二之数。袁世凯并不明白，"八二"意味着什么，郭阴阳却说："天机不可泄，事后自知。"随即又补充一句："天子万年。"

二

自袁大总统1912年搬进中南海以后，他所读到的日本人办的中文报纸《顺天时报》就与外界有所不同。表面上看，这份"报纸"报头和版式都与真的《顺天时报》一模一样，唯有仔细比较，才会发现内容却完全不同。这是袁世凯长子袁克定暗地里为自己的父亲"特制"的一份报纸，目的是给父亲一个明确的舆论导向——日本是支持他称帝的，所以，"报"上每天都长篇累牍地刊登着拥护袁世凯称帝的文章。直到有一天，袁世凯的女儿袁叔祯叫侍女从外面买了一包她爱吃的五香黑皮蚕豆，才发现包蚕豆的《顺天时报》与她在中南海看到的不一样。她于是一丝不苟地进行了对照，结果令她大为惊异，百思不解的她立即把这一情况告诉了二哥袁克文。袁克文说："这是大哥搞的鬼，专门欺骗父亲的。我在外面也早看到了，只是不敢对父亲实说。小妹，你敢不敢？"[①]

第二天，袁世凯把袁克定叫来，怒不可遏，顺手拿起马鞭，一边抽一边骂："大胆逆子，欺父误国！"

袁世凯痛打袁克定，表明了他此时的心理，对于称帝，又想，又怕，又默认，又否认。袁世凯是"坏人"，这是不容置疑的定论，但他绝不是蠢人——倘把袁世凯当作没有智商的蠢人，则是我们最大的愚蠢。袁世凯知道，这是一场赌博，这一次，他押上的是一生的政治资本，在这样的大历史中，在狭窄的政治空间里，不做君子就只能做小人，不做天使就只能狠狠心做魔鬼，不进圣祠就只能跪在历史的耻辱柱前，没有任何中间路线可走，现实也没有为他留下两全其美的任何可能。利益是巨大的，他认为值得一搏。

1913年，德国皇帝威廉二世在皇宫接见了正在德国治伤的

[①] 张华腾：《洪宪帝制：袁氏帝梦破灭记》，北京：中华书局，2007年版，第86—87页。

袁世凯长子袁克定,并举行盛大的欢迎宴会。宴会中,威廉二世颇为郑重地对袁克定说:"大公子,中国现行的民主共和,不适合中国的国情,中国非帝制不能图强。回去告诉您父亲,中国如实行帝制,德国誓以全力赞助。"①

据刘成禺《洪宪纪事诗本事簿注》记载,威廉二世后来又亲笔写了一封长信,秘密转交袁世凯,表示支持袁世凯实行帝制。

不久,日本驻华公使日置益在觐见袁世凯时明确表示:"袁大总统,我还是认为中国复辟帝制好,为什么呢?因为我们中日两国为近邻,若贵国君臣易位,我大日本天皇也受到影响啊!"②

1913年10月6日,北京象坊桥众议院进行大总统选举。尽管南北战争打得如火如荼,但国民党议员大部分都留在北京。选举之日,军队包围了选举现场,如果当天不能选出"所望之总统",任何人不能走出议院一步。这一粗鲁的举动引起了议员的反感,相邻议席窃窃私语,相约不投袁世凯,相距较远的,则用手在空中画出"×"号,表明不投袁之意,更有议员故意违反选举规则,使选票成为废票,许多国民党议员把选票转投给黎元洪。选举僵持了14个小时,直至夜里10点,在总统府苦等了一天的袁世凯,才终于长呼一口气。

一个多月后,袁世凯在给镇压二次革命时攻克革命军占领的南京的北洋旧部张勋的一封信中,透露了自己的心迹:"两年来,

---

① 张华腾:《洪宪帝制:袁氏帝梦破灭记》,北京:中华书局,2007年版,第57页。
② 张华腾:《洪宪帝制:袁氏帝梦破灭记》,北京:中华书局,2007年版,第61页。

我非驴非马，忍人所不能忍，受人所不堪受，衰朽如此，更何希望，惟欲救国救民，保全大局，不使我同胞及子孙作他人之牛马奴隶耳。"

袁世凯愤愤不平地抱怨说："原本实行的是内阁制，之前是陆徵祥，后来是段祺瑞，现在是熊希龄，可他们挡住了什么？怎么革命党一起兵，打的都是讨袁的旗子？"终于，袁世凯对三权分立失去了耐心。权力只有抓在自己手里，他的心才最安稳，才能万事不求人。他为抓权赋予了一个最大的理由："救国救民，保全大局，不使我同胞及子孙作他人之牛马奴隶耳。"

后世学者往往从宪政史的意义上认识这场选举，却很少有人意识到这次选举对袁世凯的心理产生的影响。对于袁世凯来说，这无疑是一次"危险"的民主，这次选举，几乎把他推向了失去权力的悬崖上，让他感到一阵阵的晕眩和恐惧。除了在权力顶峰的袁世凯之外，没有人知道从悬崖上坠落是什么滋味。这次选举，使他经历了一次精神上的创伤。作为此次创伤的后遗症，袁世凯由大清帝国"新政"时期的开明官员，变成一个不折不扣的暴君，他开始热衷于制造骇人听闻的残酷事件，与慈禧比起来毫不逊色。这是因为他的权力基础是薄弱的，他的心是虚的，假如没有暴力的支持，他所获得的一切就难以维系，如马基雅维里在《君主论》中对残酷所作的辩护："一位君主，尤其是一位新生的君主，不可能身体力行所谓好人应做的所有事情，为了保住他的地位，往往不得不悖逆诚实、悖逆仁慈、悖逆人道、悖逆信仰。"[1]

他之所以青睐于这种惊人的残暴,实际上是他对这种民主带来的"压力"的反弹,是一个权力者的本能、一次报复性的发泄。在草木皆兵的幻觉中,他的敌人,已不仅仅是国会中那些手握选票的议员、所有政治上的反对派,而是早已扩大为整个社会。他畏惧一切,看见谁都会感到害怕。与历史上的任何皇帝——刘邦、朱元璋——一样,袁世凯醉心于从肉体上消灭他想象中的敌人,只有这样,他才觉得安稳,才能巩固他的政权,然而,事与愿违,屠杀越是广泛地进行,他的不安就越水涨船高,只好用更加疯狂的屠杀治疗他内心的恐惧症。这是一种精神病,一种权力带来的恐惧症、妄想症和强迫症,他对残暴有了一种依赖感,作为一个心理上的残缺者,只有通过极端的残暴,他的紧张才能得到纾解,如弗洛姆所说,这"是一种把无能感变为全能感的行为,它是心理上的残废者的宗教"。

此时的"民国",又回到了东厂西厂的时代,特务网到处繁殖,那些遍布全国以杀人为专职的侦探和调查员,既没有固定的名额,大多数也没有固定的薪金,而是以"破案"和杀人多少来考核他们的"业绩"。那个时代,密探无疑是最容易得到的"职业",因为无须实际的劳动,只凭捕风捉影、滥捕误杀、罗织罪名、栽诬陷害,就可获得丰厚的报偿。他们的大总统是他们的坚

---

[1] [意]马基雅维里著,阎克文译:《君主论》,沈阳:辽宁教育出版社,1998年版,第76页。

实后盾，只要他在，密探这一行就是"铁饭碗"，只要心狠，就可以衣食无虞，旱涝保收。

陶菊隐先生在《北洋军阀统治时期史话》里记录了这样的案例：湖北横街头黄梅同乡会举行提倡国货会议，参加会议者数十人都被认作"乱党"而被捕；武昌烟纸商人因反对缴捐领照，在平湖门开会讨论，被捕去29人；上海军警误将龚淡如认定安徽老同盟会会员龚振鹏而加以逮捕；湖南邵阳中学国文教员李洞天出了一个提倡民权的作文题，被指为"乱党"而遭枪决；南京有一个妇人在菜市场说了一句"早晚时价不同"，也被警察捕去；黄炎培在庐山摄影，被认为有谋乱嫌疑，经江西民政长戚扬电询江苏民政长韩国钧，得知黄为教育界知名之士，才又打电报给黄说，"饬属保护，毋任欢迎"。最可骇怪的是：湖南都督汤芗铭随心所欲地开了一张通缉"乱党"43人的黑名单，其中刘钦实即刘季和，名单上却写成了两个人；又指前实业司司长刘承烈为教育司司长，前省议员王仆为军人；名单上有众议院议员陈宏斋，但众议院并无其人；名单上有田凤丹，这是当时湘西镇守使田应诏的别号，当田来电质问时，汤回电委称系"王凤丹之误"，但湖南全省并无王凤丹其人。陶菊隐先生说："这类张冠李戴、指鹿为马的把戏，在全国范围内随时都有发生。"[①]

袁世凯忘记了清朝是怎么垮台的，此时的他并不知道，他所

---

① 陶菊隐：《北洋军阀统治时期史话》第1册，海口：海南出版社，2006年版，第229页。

热衷的恐怖，非但不能消灭敌人，相反却是在培养敌人，在刀刃下苟活的人总有一天厌倦了这种活法而像洪水一样汇聚起来，将高高在上的暴君彻底淹没。

然而，袁世凯这只惊弓之鸟似乎顾不了那么多，他只能先顾眼前了。在经历这样的晕眩和恐惧之后，他决定再不玩这样的危险游戏了，他要寻找一个一劳永逸的办法。议员们不会估计到，旨在奠定民国政治秩序的大总统选举，居然产生了一种反作用力，对袁世凯后来的称帝产生了决定性的心理影响，成为民国政治倒退的一个转折点。当上正式大总统不久，袁世凯便授权熊希龄重新组建内阁，又产生了一个"约法会议"。对孙中山主持制定的、意在限制总统权力的《中华民国临时约法》进行一番加减乘除后，他又炮制了一个《中华民国约法》，迫不及待地于1914年5月1日公布实施。这份"新约法"取消了内阁制，废除了国务院，从法律上确立了总统独裁制。至此，国会已被解散，内阁成了玩偶，从前的三角关系，只剩下总统一人的独角戏。

这让他感到莫大的放松，一种成就感油然而生，然而，他又生起一种新的担心——这一系列举动会丧失民主国家的友谊。在一次非正式的会见时，他对美国驻华公使芮恩施说："这个国会并不好，因为它大部分是由缺乏经验的理论家和年轻的政客们组织起来的。他们要干涉政府，也要使一切事情都通过立法手续。他们真正的任务是要通过一部永久性的民国宪法，但是他们在这方面没有取得任何进展。"他接着以很认真的口气说："我们传统的习惯和你们西方的很不相同，我们的事情非常复杂。我们不能稳妥地运用你们抽象的政策观念。"①

1914年8月18日，参政院通过参政梁士诒等的提案，修改1913年10月5日公布的总统选举法。12月28日，约法会议通过总统选举法修正案，袁于次日签署公布。

在这个新选举法中，总统任期改为10年，连任不受限制。总统改选之期，如果参政院认为"政治上有必要"，得议决总统连任而不进行选举。总统继任人由现任总统推荐3人，预书于嘉禾金简，钤盖国玺，藏之金匮石屋，备有钥匙三把，由总统、参政院长、国务卿分执其一，平时不得擅自开启，须在选举前取出来交与选举会。总统资格，以年满40岁并在国内居住满20年者为限。现任总统得继续当选。总统选举会由参政院参政、立法院议员各选50人组织之。副总统亦由现任总统推荐3人，其当选资格与总统相同。②

陶菊隐评论道："根据这个选举法，不但袁可以成为终身总统，而且可以造成袁家的世袭总统。此时袁年过50，而任期规定十年，任期届满之后，如果他还能活下去，通过选举形式或者更简单地通过参政院的表决形式，就可以达到连任的目的。如果活不下去或者年老'倦勤'，他在嘉禾金简上预先填写袁克定、

---

① ［美］保罗·S.芮恩施著，李抱宏、盛震溯译：《一个美国外交官使华记——1913—1919美国驻华公使回忆录》，北京：商务印书馆，1982年版，第10页。
② 陶菊隐：《北洋军阀统治时期史话》第1册，海口：海南出版社，2006年版，第233页。

袁克文、袁克权的名字，选来选去都是他的下一代。这个选举法是古今中外独创的一格，但也不是无所本的，它的蓝本就是清朝雍正皇帝的立储法，把嗣君的名字预先写好，封在匣内，藏在正大光明殿的匾额后。但这还不是袁的真正目的，他授意参政院修改总统法，是要使总统皇帝化再向前跨进一步，以便于废除总统之名而改称皇帝。"②

在会见各国公使时，袁世凯经常会打一个比喻，中华民国是一个非常幼小的婴孩，必须加以看护，不叫他吃不易消化的食物，或服那些西医所开的烈性药物。他津津有味地重复着这个比喻，目光炯炯地在客人脸上搜索着同意或保留的表情。③

袁世凯还打过一个比喻，当中国的女仆打扫屋子时，把脏物和脏土扫成堆倒在大街上，她所关心的是保持屋子的清洁，大街上脏不脏她不管。所以中国人怎么能理解公众的国家或民有的国家这些道理。

1915年，君主立宪制度国家英国对袁世凯称帝的态度变得高调起来。

10月2日，在中南海居仁堂，英国驻华公使朱尔典对袁世凯说："人民要阁下做总统即做总统，人民要阁下做皇帝即做皇帝，这是人民的意思，不能算背誓。"②

---

③ ［美］保罗·S.芮恩施著，李抱宏、盛震溯译：《一个美国外交官使华记——1913—1919美国驻华公使回忆录》，北京：商务印书馆，1982年版，第10页。
② 曹汝霖：《曹汝霖一生之回忆》，北京：中国大百科全书出版社，2009年版，第160页。

三

当袁世凯第一次读到日本公使日置益送来的《二十一条》文本时，情不自禁地喊道："岂有此理！岂有此理！日本贪得无厌，侵我主权。"① 这一天，是 1915 年 1 月 18 日。

1914 年，对于袁世凯来说，无疑是一个好年头，似乎执政道路上的一切障碍都已经解除了，国家可以从此踏上他所想象的"正轨"，然而，就在这一年 7 月 28 日，第一次世界大战爆发，尽管袁世凯在 8 月 6 日就宣布了中立立场，却依然无法置身事外。日本人看到西方列强已经自顾不暇，就暴露了乘虚而入、独霸中国的野心。日本驻华公使日置益甚至公开向中国的外交总长表明他的流氓理论："当珠宝店着了火的时候，要住在珠宝店附近的人不去拿几个珠宝，是办不到的。"因此，日本强加中国的"二十一条"，一点也没有客气，大有把中国直接变成它的殖民地的气势，难怪"二十一条"被称为"灭亡中国的二十一条"，连袁世凯都感到气急败坏，大呼"简直似以朝鲜视我"。拿到"二十一条"的这个晚上，袁世凯一夜没睡，翻来覆去地看了又看，逐条批阅。

这份中国的近代史教科书无法绕开的条约，核心内容可以概

---

① 张华腾：《洪宪帝制：袁氏帝梦破灭记》，北京：中华书局，2007 年版，第 64 页。

述为：

第一号，共有四条：要求中国承认，把德国在山东的一切特权，移交日本，并另加其他路矿权利；

第二号，共有七条：要求中国承认，日本在南满和东内蒙的一切路矿和无限制移民等，既有特权，不许列强介入，并延长旅大租期为九十九年；

第三号，共有二条：要求中国承认，中日合办汉冶萍公司，其邻近矿山等，未经日本政府同意，中国不得自行处理；

第四号，只有一条：要求中国承认，所有中国沿岸港湾及岛屿，概不让与或租借与他国；

第五号，共有七条：要求中国承认，聘用有力日人为中央政、财、军顾问；日营病院、寺庙、学校，在内地有土地所有权；中日合办各地警察局；中日合办中国军械厂，统一武器使用；日本享有武昌至九江、至南昌，及南昌至杭州、潮州各铁路之建造权；筹办或整理福建省内的路、矿、港口、船厂，日本有优先权；日人有在中国布道权。[1]

---

[1] 《北洋军阀（1912—1928）》第二卷，第709—801页，转引自唐德刚《袁氏当国》，桂林：广西师范大学出版社，2004年版，第142页。

根据莫理循的回忆，袁大总统气呼呼地对他说："决不同意那些条款，即使日军打到新华门也不同意。"[1]

袁世凯在总统府召集紧急会议。根据顾维钧的回忆，在那次会议上，"袁世凯转问陆军部长段祺瑞，他想从陆军总长那里了解为了保卫国土，中国军队能采取哪些行动。段回答说，如总统下令，部队可以抵抗，设法阻止日军深入山东内地。不过由于武器、弹药不足，作战将十分困难。总统直截了当地问他抵抗可以维持多久。段立即回答说四十八小时。总统问他四十八小时以后怎么办。他望了望总统说，听候总统指示。"[2]

在这种情况下，袁世凯想出两个战术。一个战术是"拖"，以拖待变。2月2日，中日两国在外交部迎宾馆展开非正式谈判。3月5日，开始正式谈判。在每一个细节上，中国首席代表陆徵祥都充分施展太极拳功夫，以和风细雨的方式化解日本人的凌厉攻势，尽可能地让话题扯得越远越好，问题越复杂越好。

顾维钧回忆："日本人要求天天谈，每周五次，陆则提出每周开会一次，并和颜悦色地和日方争辩。他说他很忙，有许多别的外交问题等他处理，他还要参加内阁的会议。日本公使多方坚持，最后达成妥协，每周会谈三次。[3]

---

[1] 张华腾：《洪宪帝制：袁氏帝梦破灭记》，北京：中华书局，2007年版，第66页。
[2] 中国社会科学院近代史研究所译：《顾维钧回忆录》第一分册，北京：中华书局，1983年版，第120页。
[3] 中国社会科学院近代史研究所译：《顾维钧回忆录》第一分册，北京：中华书局，1983年版，第123页。

"陆的另一个任务是缩短每次会谈的时间,已有决定每周会谈三次,时间是下午4点至6点。陆的妙计是每次说完开场白后即命献茶,尽管日本公使不悦,他还是决意尽量使喝茶的时间拖长,而日置益先生也知道这是东方待客的礼节,无法加以拒绝。"①

袁世凯的另一个战术就是把消息透露出去,使用"以夷制夷"的传统套路,让英美"主持公道"。于是,年轻的顾维钧化装混进北京的英、美使馆。2月,这份秘密条约文本就成了纽约、伦敦媒体的头条新闻。但令袁世凯失望的是,英、美都不打算为他撑腰,反而出于协约国团结的考虑,压迫他同意日本的条件。

实际上,就在袁世凯第一次看到"二十一条"文本的第3天,即1月20日,美国驻华公使芮恩施就得到了这一情报。

那天,美国卫队滑冰场正在举行溜冰表演。伦诺克斯·辛普森先生把芮恩施从滑冰场叫出来,表情急切地说:"当我们在这儿欢乐的时候,中国的主权却像一朵云向东方飘去了。朝鲜的戏剧又重演了。"他向芮恩施透露了关于"二十一条"的全部确切情报。又过了两天,驻在城外的伦敦《泰晤士报》的代表突然问他,是不是有什么大事发生,芮恩施暗示他:"如果你四处看看,你就会发现已经发生了某种事情。"②

---

① 中国社会科学院近代史研究所译:《顾维钧回忆录》第一分册,北京:中华书局,1983年版,第123页。
② [美]保罗·S.芮恩施著,李抱宏、盛震溯译:《一个美国外交官使华记——1913—1919美国驻华公使回忆录》,北京:商务印书馆,1982年版,第104—105页。

在谈判中，袁世凯特意向曹汝霖交代，"第五号"万万不能答应，最好连谈都不要谈。

"第五号"的内容主要包括：

第一款 在中国中央政府，须聘用日本人，充为政治财政军事等各顾问。

第二款 所有中国内地所设日本病院、寺院、学校等，概允其土地所有权。

第三款 向来日中两国，屡起警察案件，以致酿成"车谬""车曷"之事不少，因此须将必要地方之警察，作为日中合办，或在此等地方之警察署，须聘用多数日本人，以资一面筹划改良中国警察机关。

第四款 中国向日本采办一定数量之军械（譬如在中国政府所需军械之半数以上），或在中国设立中日合办之军械厂聘用日本技师，并采买日本材料。

第五款 中国允将接连武昌与九江、南昌路线之铁路，及南昌、杭州，南昌、潮州各路线铁路之建造权许与日本国。

第六款 在福建省内筹办铁路，矿山及整顿海口，（船厂在内）如需外国资本之时，先向日本国协议。

第七款 中国允认日本国人在中国有布教之权。

（一）两订约国互相约定，将旅顺、大连租借期限，并南满洲及安奉两铁路期限,均扩展至九十九年为期。

(二)日本国臣民,在南满洲东内蒙古,盖造商工业应用之厂房,或为耕作,可得其需要土地之租借权,或所有权。

(三)日本国臣民,得在南满洲东内蒙古,任便居住往来,并经营商工业等各项生意。

(四)中国政府,允将在南满洲及东内蒙古各矿开采权……

日本不准备跟中国谈判代表玩下去了,5月7日,日本下最后通牒,限48小时以内签字,否则一切"后果"由中国负责。5月8日,袁世凯召集政府高层会议,最后通过决议,接受日本最后通牒。25日与日本正式签订了《中日民四条约》。

需要指出的是,袁世凯与日本签订之条约为《中日民四条约》,而并非"二十一条"。"二十一条"是日本单方面提出的条约,并未被中国所接受,而且当时也没有任何人与之签字。在最后签订的条约文本中,日本政府根据中方要求,删去了"第五号"的七条内容,只剩下"十四条"。

香港凤凰卫视节目披露,袁世凯的后人藏有袁世凯更改过的"二十一条"的手稿,显示出袁力争国权到了最后一刻,即使独裁者,也是懂得民族大义的。独裁专制,可以找出一千条理由支持,而卖国,却没有一条理由能够支持,只能沦为千夫所指,这一点，袁世凯是懂得的，只是由于国力弱小，根本无力与日本抗衡。决定签字那一天，袁大总统心情黯然地说："经此大难以后，大家务必认此次接受日本要求为奇耻大辱，本卧薪尝胆之精神，做奋发有为之事业，举凡军事、政治、外交、财政力求刷新，预定计划，定年限，下决心，群策群力，期达目的，则朱使所谓埋头十年与日本抬头相见，或可尚有希望。若事过境迁，因循忘耻，则不特今日之屈服奇耻无报复之时，恐十年之后，中国之危险更甚于今日，亡国之痛，即在目前。我负国民付托之重，决不为亡国之民。"①

无论怎样，《中日民四条约》的签订，对于"空手套白狼"的日本人来说，无疑是一场重大的外交胜利，比当年一本万利的《马关条约》②更鼓舞人心——在日本人眼里，中国已经沦为地地道道的纸老虎，甲午战争，日本同中国还打了一下，而此时，日本已经不用再动一兵一卒，只要吓唬一下中国，中国就得乖乖就范。除了袁世凯，世界上还找得着这么听话的国家元首吗？

"中日协定成立后，日本举国狂欢，大隈首相入宫庆贺日皇。日本侨民公然在中国领土上对中国人民举行侮辱性的庆祝。北京东城日侨饮酒舞蹈，高呼'大日本帝国万岁'，内务部命令警察厅派警加以保护，并派便衣侦探监视附近地区的中国居民。5月

---

① 曹汝霖：《曹汝霖一生之回忆》，北京：中国大百科全书出版社，2009年版，第205页。
② 《马关条约》给日本的回报，相当于其战争投入的40倍。

13日，汉口日侨准备举行提灯庆祝大会，有若干爱国青年巡行市区加以阻止，全市商店闭门熄灯，停止夜市，日本方面竟出动水兵来弹压，后由中国军警自行出面制止爱国游行，日兵才撤回到军舰上。事后日置益竟以汉口暴动为由提出警告，袁政府还郑重其事地向他道歉了事。"①

年轻的毛泽东得知《中日民四条约》签订的消息，愤而写下一首四言诗：

> 五月七日，
> 民国奇耻；
> 何以报仇？
> 在我学子。

5月9日被全国教育联合会定为国耻日，称"五九国耻"。曹汝霖被骂为汉奸，有人甚至提议要对他满门抄斩。4年后"五四运动"中曹宅被烧，此时已埋下祸根。对此，有学者认为，"五四运动是二十一条带给中国人的国耻的一种延后的爆发。"②

梁启超之子、后来成为著名建筑师的梁思成，就是在1923年5月7日从他就读的清华园回到北京城里的家里，参加国耻日

---

① 陶菊隐：《北洋军阀统治时期史话》第2册，海口：海南出版社，2006年版，第17页。
② 张鸣：《北洋裂变：军阀与五四》，桂林：广西师范大学出版社，2009年版，第36页。

周年抗议示威时，被一辆汽车撞伤的。根据费正清夫人费慰梅的记述，梁家当时的住宅在南长街，那是一条市中心的南北大街。街的南端折向繁华的东西大道——长安街，街前紧依着天安门的正面。约莫11点钟，梁思成把大姊送的摩托车推出来，梁思永坐在后座，驶向南边追赶游行队伍。当他们转入长安街时，冷不防被一辆疾驰而过的大轿车撞到了侧面，摩托车被撞倒了，重重摔在地，把梁思永抛出老远，梁思成则被压在车底下。坐在轿车里的官员无动于衷，命令司机继续往前开。

医生诊断，梁思成股骨复合性骨折，至5月底，梁思成已经动了3次手术。梁启超在一封给大姊的信上充满希望地说，腿已经完全接合，梁思成将可以"和正常人一样走路"。可实际并非如此，从那时起，梁思成的右腿显然比左腿短一大截，这辈子他都要跛着脚走路，且由于脊椎受伤，一直要穿着协和医院特制的金刚马甲。对一个工作上需要经常在农村里长时间徒步、攀爬和检查屋顶和桁架的人来说，这种残疾实令人难忍。[①]

这是《中日民四条约》留给一个年轻人的创伤，这一创伤将陪伴他一辈子，终生难愈。

袁世凯决定忍气吞声10年，再与日本一决高下。

但他只活了1年。他不会想到，10年之后的1925年，他留下的北洋军正在自相残杀，国家根本看不到复兴的希望。

[①] ［美］费慰梅著，成寒译：《林徽因与梁思成》，北京：法律出版社，2010年版，第9页。

四

北京城早就流传着"西山十戾"的民间神话。这个神话说，北京西山有十个修炼成精的妖怪，投胎人世，做了清朝开国以来一直到目前的当权人物。这十个妖怪是：熊、獾、(鸮)鸟、狼、驴、猪、蟒蛇、猴子、玉面狐、癞蛤蟆。它们托生的人身分别对应是：多尔衮、洪承畴、吴三桂、和珅、海兰察、年羹尧、曾国藩、张之洞、慈禧太后、袁世凯。陶菊隐说，这个神话具有一定的人民性、艺术性，按照各人不同的体态、不同的性格作了适当的安排和影射，以表示对统治者的极端憎恨。如（鸮）鸟象征残忍悖逆；狼在神话中代表贪馋狠毒；患着皮肤病的曾国藩经常蜕脱皮屑，像蟒蛇蜕皮一样，而蟒蛇又是一个危害人类的冷血动物；张之洞每天的睡眠时间很少，经常坐而假寐以待天明，神话中把猴子当作睡眠很少、变化多端的动物，而且张的形态也瘦小得活像一个猴子。至于用癞蛤蟆来刻画袁世凯，不但因为他颈粗腿短，走的是八字路，而且寓有"癞蛤蟆想吃天鹅肉"的另外一个意义。[①]

冯国璋后来在接见胡鄂公等人时，曾向他们讲述过一则与上述说法相呼应的传说：

[①] 陶菊隐：《北洋军阀统治时期史话》第2册，海口：海南出版社，2006年版，第11页。

一天,袁世凯午睡时,书童进房献茶,忽然眼睛一花,看见一个极大的癞蛤蟆躺在床上。他吃了一惊,手一松,玉杯子掉在地下碎了。

幸而袁酣睡未醒。书童蹑足退出来,惊慌地跑去找一个老家人,请他出主意挽救这场祸事。那个老家人动脑筋想了一会,就教给他一套话来应付。

当袁醒来要喝茶的时候,看不见那个常用的玉杯子,就把书童唤进来问:"玉杯子哪里去了?"

书童老老实实地说:"砸碎了。"

袁厉声地说:"什么,砸碎了吗?"

书童不慌不忙地说:"这里发现了一件奇怪的事情。"

袁说:"什么奇怪的事情?你说,你说!"这个时候袁的眼睛睁得很大,满脸都是怒容。

那个伶俐的书童并不拿正眼来望他,却指手画脚地说道:"我正在端茶进来的时候,一眼看见床上躺着的不是大总统。"

"是什么?混账东西!"

"我不敢往下说。"

"你不说,看我打断你的狗腿!"

"是……是一条五爪大金龙。"

"胡说!"袁怒吼了一声,但是他的脸色立刻平定下来,好像怒气已经消散,并且从抽屉里拿出100元钞票赏给书童,叫他不要在外面胡说。[1]

这一传说后来广为流传，不仅吻合了中国民众的心理，而且也暗合了马基雅维里在《君主论》中所论证的"君主必须既像人又像兽"的观点。马基雅维里认为，"君主必须明白如何兼具人性和兽性，有其一没有其二，就不可能长葆其安。"[2]

陶菊隐在《北洋军阀统治时期史话》里记录了这则故事，实际上，类似的"祥瑞之兆"层出不穷：据说在一个黄昏，某城外突然传来了蝗灾的消息。飞蝗漫天遍野，遮云蔽日。突然间遭遇异象，老百姓惊恐异常。不过，很快便有官员上书说，蝗头上有个"王"字，背上有"王"，甚至肚皮上也有"王"，实乃帝王之兆。

又有一日，袁世凯彰德老家人捎来口信，说袁家祖坟附近长出一棵紫藤，蜿蜒盘绕，好像是一条龙的形状。更怪异的是，祖坟附近还发现了一块刻着"天命攸归"四字的石碑。

半路杀出的日本人让袁世凯的皇帝梦延迟了一年。1915年8月，杨度拉来另外5名"知名人士"，其中包括两个变节的国民党人——孙毓筠和胡瑛、两个"学者"——严复和刘师培、一个失意军人——李燮和，成立了以研究所谓国体问题为宗旨的团体——"筹安会"。

---

[1] 陶菊隐：《北洋军阀统治时期史话》第2册，海口：海南出版社，2006年版，第11—12页。
[2] ［意］马基雅维里著，阎克文译：《君主论》，沈阳：辽宁教育出版社，1998年版，第74页。

对于"筹安会六君子"而言,所谓的"研究",纯属多余,因为"结论"早就摆在那里了,即把君主立宪当作中国唯一的制度目标,为此,如同1909年至1911年立宪请愿运动的翻版,杨度等发起国会请愿运动,只是时代不同,意义也迥然不同。

就在这个节骨眼儿上,袁世凯请来的二百五专家、在哥伦比亚大学教了整整30年书的美国政治学家古德诺第二次来到中国。这个对中国国情毫无研究的洋和尚在这个敏感的时刻到来,立刻成为袁世凯复辟帝制的"魔鬼辩护士"。袁世凯扫除国民党,解散国会,就是受了他的思想影响,因为他认为"这种立法权侵犯行政权的建制……是不应该存在的"[1]。"没有革命的理论,就没有革命的运动。"[2] 袁世凯当然也知道,没有复辟的理论,复辟的思想就难以传播到人民群众中去,复辟的运动也难以成功。"筹安会"的"研究"、古德诺的"理论",无疑都会对如火如荼的复辟事业起到"理论指导"的作用。几乎与"筹安会"成立的同时,《亚细亚报》发表了古德诺的奇文:《共和与君主论》,盛赞君主制,批判共和制,这篇文章也成为"筹安会"的理论"圣经"。

袁世凯的皇帝梦,不仅得到一批掉书袋书生的支持,军人方面,袁世凯的北洋军属下也摸准了袁世凯的脉搏,看好了风向,以湖南将军汤芗铭最早、以第七师师长张敬尧最为"坦率",纷

---

[1] 唐德刚:《袁氏当国》,桂林:广西师范大学出版社,2004年版,第157页。
[2] 《列宁选集》第一卷,北京:人民出版社,1995年版,第109页。

纷上书劝进,"干殿下"段芝贵于9月间联合14省将军密呈袁速正大位,列名者有广东龙济光、湖北王占元、陕西陆建章、河南赵倜、山西阎锡山、云南唐继尧、浙江朱瑞、湖南汤芗铭、江西李纯、安徽倪嗣冲、山东靳云鹏、四川陈宧、吉林孟恩远、黑龙江朱庆澜。

给袁世凯吃下最后一颗定心丸的,是英国公使朱尔典。当朱尔典听说日本的大隈首相已表明帝制的态度,为了维护英国的在华利益,也向袁世凯抛出了橄榄枝。谈话持续了很长时间,袁世凯不时求教,朱尔典则以老朋友的口吻一一解答。谈话内容经过袁世凯整理,以密件的形式发给各地的文武官员传阅。

朱尔典表示,变更国体是中国的内政,如果中国不内乱,则随时可以实行。不但英国欢迎,凡英国联盟诸国,也都表示欢迎。袁世凯又问,当初就任正式大总统时,曾宣誓维护共和,若改为君主立宪,岂不是失信于天下?朱尔典表示,顺民意而为之,与信用没有关系。接着又鼓励说,大总统,您在英国有很高的声誉啊。

袁世凯"盛情难却",决定于1915年11月20日举行国民会议,决定国体问题,全国各省区的"国民代表大会"投票均告完成,共计代表票数1993张,全体赞成君主立宪,没有一张废票或反对票。①

---

① 陶菊隐:《北洋军阀统治时期史话》第2册,海口:海南出版社,2006年版,第30页。

袁世凯心情大好，《二十一条》签订之后笼罩在他心底的阴霾已踪影全无。这一天，他成为中国历史上第一个"选"出来的皇帝。1916年1月1日，他以迅雷不及掩耳之势，迅速完成登基大典，年号"洪宪"，史称"洪宪王朝"。

按照惯例，推让是一项必不可少的仪式，以表示对天命的尊重。袁世凯要让天下人相信，他根本不想做皇帝，只是没人愿意吃这个苦，他才勉为其难。

1915年12月12日，参政员们都在等待着袁世凯的回应。上午11点半，他们集体通过了给袁世凯的推戴书，拥立他为皇帝，不再称"我大总统"，改称"我圣主"。

下午5点，得到袁世凯拒绝称帝的消息后，参议员们再次开会，杨度和孙毓筠建议再上一道推戴书，仅仅用了5分钟，多达2600字的第二道推戴书已经完成。又过了10分钟，这道推戴书就被念完并全体通过。天色已晚，袁世凯果然没有推辞。他发布了通电，其中最著名的十六个字是——"天下兴亡，匹夫有责，予之爱国，讵在人后？"

当紫禁城里的逊帝溥仪在乾清门北侧的皇宫院落里沉迷于自行车、电话这些近代文明产品时，在乾清门以南，一场"总统变皇帝"的戏法正羞羞答答地拉开序幕。

溥仪后来回忆说，"紫禁城中的早晨，有时可以遇到这种奇异的现象：处于深宫但能听到远远的市声。有很清晰的小贩叫卖声，有木轮大车的隆隆声，有时也听到大兵唱歌声。太监们把这现象叫做'响城'。"[1]这种"响城"现象，引发了少年溥仪这个宫殿囚徒的无限想象，直到溥仪离开紫禁城以后，还经常回忆起。复辟的日子，溥仪从"响城"的众多声音中，立刻能分辨出中南海的军乐声。那时，三大殿正在油漆一新，站在养心殿的台阶上，溥仪可以清晰地望见脚手架上的油工们。张谦和对他说，那是为袁世凯登基做准备。后来，溥伦代表皇室和八旗向袁世凯上劝进表。袁世凯许给溥伦亲王双俸，接着又到宫里来向太妃索要仪仗和玉玺。这些消息使溥仪感到心酸和悲愤，也令他深感恐惧。虽然陈宝琛不肯明讲，但他也懂得"天无二日，国无二君"这句话的含义。他所想的是："袁世凯自己做了皇帝，还能让我这多余的皇帝存在吗？"根据太史公的统计，"春秋之中，弑君三十六"，这让溥仪感到不寒而栗。

在那些日子里，乾清门外的三大殿的动静，牵动着宫中每个人的每根神经。不论谁在院子里行走，都要关心地向那边张望一下，看看关系着自己命运的油缮工程是否已经完工。太妃们每天都要烧香拜佛，求大清的护国神"协天大帝关圣帝君"给以保佑。仪仗是忙不迭地让溥伦搬走了，玉玺因为是满汉合璧的，并不合乎袁世凯的要求，所以没有拿去。[2]

袁世凯的赌徒本性再度暴露无遗。这一次，他押上的是一生

---

[1] 爱新觉罗·溥仪：《我的前半生（全本）》，北京：群众出版社，2007年版，第65页。
[2] 爱新觉罗·溥仪：《我的前半生（全本）》，北京：群众出版社，2007年版，第65页。

的政治资本，在这样的大历史中，在狭窄的政治空间里，不做君子就只能做小人，不做天使就只能狠狠心做魔鬼，不进圣祠就只能跪在历史的耻辱柱前，没有任何中间路线可走。袁世凯去意已决。现实没有为他留下两全其美的任何可能。他认为，这一次他胜券在握，他没有想到自己会输，更没有想到自己会输掉性命。

距离登基的日子，已经屈指可数。段芝贵心急火燎地赶到紫禁城，向皇室索要玉玺、銮杖。要来之后，他才发现，玉玺上写的是满汉两种文字，于是只取走了銮杖。

那天晚上，很少饮酒的袁世凯可能喝醉了，宴会后，有人听见他在大唱"孤王酒醉桃花宫"，但另一人说，他唱的是大登殿，声最高亢的一句是——"我薛平贵也有今日一天！"

五

天坛，是帝制时代留在大地上的最醒目印记之一。它以圆滑的口吻，讲述上天对帝王权力的默许。这座始建于明永乐十八年（1420年）的皇家建筑，由于最初实行天地合祀，而被命名为天地坛。明朝嘉靖九年（1530年）实行四郊分祀制度后，在北郊觅地另建地坛，它就用来专事祭天、祈谷和祈雨，改名为天坛。天坛的红墙内，由北向南，依次排列着祈年殿、皇穹宇和圜丘坛。圜丘坛是皇帝举行祭天大礼的地方，始建于嘉靖九年（1530）。坛平面呈圆形，共分三层，每层都围绕着汉白玉栏板，栏杆头上都刻有云龙纹，在每一栏杆下又向外伸出一石螭头，用于坛面排水。顶层中心的圆形石板叫作太阳石或者天心石，站在其上呼喊或敲击，声波会被近旁的栏板反射，形成显著的回音。这座占地四千多亩的祭坛，是世界上最大的祭天场所，容纳世界上最为隆重和繁复的礼仪，每当祭日来临之前，必须进行大量的准备工作，不管耗费多少人力、物力，都在所不惜，其中包括对天坛内各种建筑及其设施，进行全面的大修葺。修整从紫禁城至天坛皇帝祭天经过的各条街道，使之面貌一新。祭前五日，派亲王到牺牲所察看为祭天时屠宰而准备的牲畜。前三日，皇帝开始斋戒。前二日，书写好祝版上的祝文。前一日，宰好牲畜，制作好祭品，整理神库祭器；皇帝阅祝版，至皇穹宇上香，到圜丘坛看神位，去神库视笾豆、神厨视牲，然后回到斋宫斋戒。祀日前夜，由太常寺卿率部下安排好神牌位、供器、祭品；乐部就绪乐队陈设；最后由礼部侍郎进行全面检查。

　　圜丘坛专门用于祭天，台上不建房屋，对空而祭，称为"露祭"。祭天陈设讲究，祭品丰富，规矩严明。在圜丘坛共设七组神位，每组神位都用天青缎子搭成临时的神幄。上层圆心石北侧正面设主位——皇天上帝神牌位，其神幄呈多边圆锥形。第二层坛面的东西两侧为从位——日月星辰和云雨风雷牌位，神幄为长方形；神位前摆列着玉、帛，以及整牛、整羊、整豕和酒、果、菜肴等大量供品。单是盛放祭品的器皿和所用的各种礼器，就多达七百余件。上层圆心石南侧设祝案，皇帝的拜位设于上、中两层平台的正南方。圜丘坛正南台阶下东西两侧，陈设着编磬、编钟、镈钟等16种，60多件乐器组成的中和韶乐，排列整齐，肃穆壮观。

祭天的最佳时辰，为日出前七刻，时辰一到，斋宫鸣太和钟，皇帝起驾至圜丘坛，钟声止，鼓乐声起，大典正式开始。此时，圜丘坛东南燔牛犊，西南悬天灯，烟云缥缈，烛影摇红，给人以一种非常神秘的感觉。

祭典程序充满繁文缛节，包括迎帝神、奠玉帛、进俎、行初献礼、行亚献礼、行终献礼、撤馔、送帝神、望燎等，最后，皇帝在祭品焚烧出的青烟中，伴着"佑平之章"的乐章，起驾回宫。

自明永乐十八年（1420年）天坛建成，皇室每年都在天坛举行盛大的祭天大礼以求上天的庇护和福佑，曾有23位皇帝举行过682次祭祀大礼。那扇红漆斑驳的大门，自1912年2月宣统皇帝退位以来，再也没有被推开过；里面的事物，正被蛛网和尘土一层层地封锁，变成历史的一部分。1914年冬至那天，天坛像一只钟表，在停走很久之后，又重新走动起来。

那一天，北京城在淡淡的曙色中刚刚显露出它坚硬的轮廓，早起的市民惊讶地看到，袁世凯乘坐的总统专车，已经开始缓慢穿过世俗的街道。从新华门到天坛，早已按照皇帝出行的标准，黄土垫道，净水泼街，街道的两旁，站着许多端枪的士兵。但他们没有想到，此时，在圜丘坛——昔日的皇家禁地，每个栏杆旁都站着身穿制服、头插羽毛、手持长矛的士兵；道路两旁两百多名乐师身穿缀星蓝底长袍，手持仿古（先秦）乐器；此外，还有黑压压一大片文武百官，全都穿着祭祀的长袍。袁世凯头戴平天冠、身穿四团花十二章大礼服，在骑兵的护送下来到圜丘坛围墙的大门外，然后被八抬大轿送到墙内临时搭建的帐篷里，换上长袍，一切都令人产生恍如隔世之感。

芮恩施目睹了整个祭天过程，并作记录如下："在朱启钤先生的指导下，为皇帝及其高级官员和随从设计了新式样的袍服，那是仿照日本皇室礼服的式样设计的。皇城内加冕典礼的大厅打扫得干干净净，重新油漆一遍。定织了新的地毯，并委托北京经营杂货的塔拉蒂商行（Talati's）定做了装饰精致的御座。这种情况使阿勒费尔德伯爵夫人（Countess Ahlefeldt）感到大为高兴。"①

这场庄严的仪式持续了一个小时。袁世凯从南面登上圜丘坛的第二层，朝北站定，待篝火点起，他按照祭祀官的口令深深鞠躬四次，文武百官也跟着一起鞠躬，同时盛有兽血和兽毛的盘子被端上了祭坛。敬献了丝绸之后，袁世凯就回到圜丘坛第一层跪下。献祭肉的音乐奏起，兽血兽毛马上撤走，一盅热汤送到了总统手中。这盅天羹先由袁世凯高举过头，然后分三次洒在盘中肉上。接着祭祀官念颂祷文，乐声中有人翩翩起舞，袁世凯则举酒敬天。每篇祷文读完，袁世凯就朝祭坛磕四个头，文武百官也跟着一起磕头。数篇祷文念颂的程序大同小异，伴奏的音乐却不

---

① ［美］保罗·S.芮恩施著，李抱宏、盛震溯译：《一个美国外交官使华记——1913—1919美国驻华公使回忆录》，北京：商务印书馆，1982年版，第143页。

同。祷祝之后，食物撤下，绿玉（玉玺）摆到了祭坛的中央。最后，伴着庄严的音乐，祷文牌位、丝绸，酒和谷物等祭品被一起放在柴堆上焚烧，祭天仪式随之结束。袁世凯回帐篷换完衣服，又乘总统专车回到了位于中南海的住处。①

袁世凯祭天祝文共81个字，其中有这样两句，"惟天降鉴，集命于民"。在宣誓就任大总统时许诺"发扬共和精神"的袁世凯，此时以皇帝的口吻，表明了他对天命的信仰。

因此，无论这套程序多么复杂，袁世凯都不会感到厌烦，因为唯有如此复杂的程序，才能凸显他的绝对权威。芮恩施在参加袁世凯的总统就职典礼时，就意识到他对仪式的偏好："袁总统像历史上所有的皇帝一样，喜欢隆重的仪式。袁与腓特烈大帝一样喜欢阵容庞大的军事仪仗队。"②然而，除了袁世凯自己在祭天大典中体会到神圣权威，对于在场的每名祭官来说，祭天大典都是一场痛苦的折磨。臣民们在祭天中得不到任何好处。《大清律》曾明文规定："如有在坛庙内涕唾、咳嗽、谈笑、喧哗者，无论宗室、觉罗、大臣、官员，即指名题参。"乾隆四十七年（1782年）四月初六，乾隆皇帝到圜丘坛举行常雩礼求甘雨，发现雩坛祝版上的文字写得不够工整，具服台更衣幄次所设的坐褥不够整齐，按规定应悬挂三盏天灯而少悬挂了一盏，令他大为光火，下

---

① 参见《袁世凯祭天——天坛的最后一次典礼》，《中华遗产》2006年第1期。
② 郑曦原编：《共和十年：〈纽约时报〉民初观察记：1911—1921》，北京：当代中国出版社，2011年版，第95页。

令严办。结果，工部尚书罗源汉、右侍郎诺穆亲、礼部尚书德保、侍郎德明等人，均被革职。尤其工部侍郎徐绩受处分最重，革职后被发配新疆。同时，有关官员也被查明革职，发往伊犁效力赎罪。巨大的皇家建筑，分开了皇帝与臣民的行列，它使整个社会成为一个同心圆的结构，突出了皇帝的权力，也规定了臣民的义务，而站在权力中心的，只有皇帝一人。他通过层层有序的同心圆结构，控制和摆布他的臣民；他像一个教练，对所有人进行强制规训，把人民变成木偶。"每个动作都规定了方向、力度和时间。动作的连接也预先规定好了。时间渗透到肉体之中，各种精心的力量控制也随之渗透进去。"[1]

六

洪宪帝制时期的太和殿，五色共和旗帜尚未撤去，不过，殿内圆柱已改漆为红色，袁世凯还下令撤除了太和殿上的雕龙髹金大椅，换上了一把中西合璧的新式宝座。这个洪宪皇帝御座，据说耗资40余万元，袁世凯还来不及坐上去，便已在历史的潮流中匆匆退场。

与袁克定不同，袁世凯次子袁克文对父亲称帝并不赞同。一次，他带着侍妾在颐和园漫游，看到前朝旧迹，触景生情，随口

---

[1] ［法］米歇尔·福柯著，刘兆成等译：《规训与惩罚》，北京：生活·读书·新知三联书店，1999年版，第172页。

吟出一首七律：

> 乍著微绵强自胜，
> 荒台古槛一凭陵。
> 流翻太液心无住，
> 云起苍崖梦欲腾。
> 几向远林闻怨笛，
> 独临虚室转明镫。
> 绝怜高处多风雨，
> 莫到琼楼最上层。

这首诗令袁世凯十分不满，于是把袁克文幽禁在北海，只有宠妾小桃红陪伴袁克文度过了这段寂寞时光。此时的袁克文，只能靠摩挲宋版古籍、赏玩尊彝金石打发时光，直到1916年袁世凯死后，他才走出北海，随身带着他用蝇头小楷写下的日记，这就是后来的《寒云日记》。

无独有偶，袁世凯的一奶同胞袁世彤和袁书贞，也在报纸上公开发表声明，脱离关系：

> 袁世凯与予俩人，完全脱离兄弟姊妹关系，将来帝制告成，功名富贵，概不与我弟妹俩人相干；帝制失败，一切罪案，我弟妹二人亦毫不负咎。特此声明。

声明人：袁世彤、袁书贞[1]

袁世彤还亲自跑到北京，当面斥责袁世凯，若行帝制，就是"清室之逆臣，袁家之不肖子孙"。

1915年，"总统变皇帝"的戏法紧锣密鼓地进行的时候，袁书贞刚好迎来50大寿。袁世凯派五子袁克权前往山东，并让他带着丰厚的贺礼。然而袁克权没有想到，他的这位姑妈连门都不让他进，甚至派人捎话给袁克权："我娘家无兄，也无内侄。"[2]

袁世凯听到袁克权的复述后，长叹一声，眼泪险些夺眶而出，但他很快平静下来，他是一个不撞南墙不回头的人，此时，他还没有看见"南墙"的影子。

舆论方面，梁启超的那篇抵得上10万支毛瑟枪的文章，携雷霆万钧之势，率先攻过来。这就是传诵一时的《异哉所谓国体问题者》。文章于9月3日发表后，一时间洛阳纸贵，售罄无余。

许多人买不到报纸，只好向人辗转抄阅。又有许多人赶到报馆，要求再版。果然手无寸铁的梁启超，只凭文章一篇，就把袁氏帝国打得七零八落。

梁启超行文气势磅礴，历数民国以来的乱政。"忽而满洲立宪，忽而五族共和；忽而临时总统，忽而正式总统；忽而制定约法，忽而修改约法……使全国民彷徨迷惑，莫知适从，政府

---

[1] 张华腾：《洪宪帝制：袁氏帝梦破灭记》，北京：中华书局，2007年版，第175页。
[2] 张华腾：《洪宪帝制：袁氏帝梦破灭记》，北京：中华书局，2007年版，第177页。

威信，扫地尽矣。"梁启超后来说"有人语以袁氏现尚未称帝之意"，故删了这段言辞激烈之语。（见《梁启超年谱长编》）

梁启超通过对"政体"和"国体"两词的定义，告诉大家，如果复辟，那就是叛国，他还本欲写"就令全国四万万人中三万万九千九百九十九万九千九百九十九人皆赞成，而梁某一人断不能赞成也。"据吴柳隅记载，因为"后有人语袁氏现尚未承认有称帝之意"，故梁启超删去了这段言辞激烈的话。（见《梁启超年谱长编》）

梁启超认为，国体是天下重器，可静而不可动，岂可翻云覆雨，视同儿戏？就好像下棋一样，说一声不下，就果然不下了。他从来不反对君主制，但共和已经既成事实，倘若开历史的倒车，天下必定大乱。他从来都是反对添乱的。

杨度原以为他与梁启超是志同道合的战友，因为他们曾经都推崇君主立宪。在清末新政时期，杨度还冒着杀头的危险奏请朝廷赦免梁启超，并委以重任。但筹安会成立之后，梁启超却给杨度写了一封绝交书。

当袁世凯送来 20 万元巨款要买断这篇文章之时，梁启超婉言谢绝，并让来人带回一封信，"愿我大总统以一身开中国之新纪元，不愿我大总统以一身作过去旧奸雄之结局"。

袁世凯见收买不成，又派人威胁："你已经饱尝了十多年的亡命之苦，今日何必再重蹈覆辙？"梁启超凛然回答："我的确是亡命天涯的经验家，但我宁可如此，也不愿意活在污浊的空气中。"

此时,袁世凯的复辟,已变成一个多种元素的混杂物,分不清有多少出于他对权力的野心,多少出于他对君主立宪梦想的顽固坚持。12月13日,当内阁成员一起到总统府向袁世凯祝贺时,他说:"我宁愿接受安慰而不是祝贺,因为我正在为公务而放弃了我个人的自由和我子孙的自由。我觉得到我的河南老家的庄园悠闲地务农和钓鱼,比在这儿经常为国事争斗愉快得多。"①

对于一个统治者来说,能够利用道德面具的时候,绝不会露出他的犬齿。唯有在雄辩和谎言遮挡不住的部位,暴力才成为唯一的选择。复辟帝位,袁世凯依然不忘揪住道德这根稻草。他似乎已经相信了自己的雄辩,甚至为自己和自己的家族为君主立宪制所做的"牺牲"而感动,就像在冯国璋试探他时,他回答道:"我的大儿子身带残废,老二想做名士,我给他们排长做都不放心,能够付以国家的重任吗?而且,中国一部历史,帝王家总是没有好结果的,即使为儿孙打算,我更不忍把灾害留给他们。当然,皇帝还可以传贤不传子。但总统同样可以传贤,在这个问题上,总统皇帝不就是一样的吗?"②

我相信任何一个暴君都可以从马基雅维里的《君主论》中获得支持。马基雅维里说:"我认为,在人们已经习惯了在君主

---

① [美]保罗·S.芮恩施著,李抱宏、盛震溯译:《一个美国外交官使华记——1913—1919美国驻华公使回忆录》,北京:商务印书馆,1982年版,第142页。
② 陶菊隐:《北洋军阀统治时期史话》第2册,海口:海南出版社,2006年版,第10页。

后裔统治下生活的世袭国里保持政权，比在新的国家里困难小得多。因为君主只要不触犯他的皇宗皇祖的制度，如遇有意外事件，则随机应变，这就足够了。因此，一位君主如果具有通常的能力，依此方法，总是能够维持他的地位的，除非遇有某种异乎寻常的格外强大的力量，才可能被篡位。但是即使他被夺权了，当篡夺者一旦发生祸患的时候，他就能够光复旧物。""因为世袭的君主得罪人民的原因和必要性都比较少，因此他自然会比较为人们所爱戴。除非他异常恶劣，惹人憎恨之外，他的臣民自然而然地向着他，这是顺理成章的。而且革新的记忆与原因，由于统治已经年代久远并且连绵不断而消失了；因为一次变革总是为另一次变革留下可以继续进行的条件的。"[①]

对熟悉中国历史的人而言，马基雅维里这本被称为"恶棍手册"的书并不是那么惊世骇俗，因为它与许多被我们奉若圭臬的经典论著十分相似，在它们的教诲下，大多数皇帝都成长为典型的现实主义者，一方面上演杀父弑兄焚书坑儒的残暴，另一方面又从不放弃自己的道德形象——在"天命"的名义下，或者假惺惺地下几道"罪己诏"，或者大赦天下免除税捐，但谁都知道，"道德"只是一个可以被玩弄和利用的词汇。

此时，新"当选"皇帝的袁世凯似乎已对自己找出的这些理由深信不疑，甚至自己都被它们所感动，更相信能够得到他人的

---

① ［意］尼科洛·马基雅维里著，潘汉典译：《君主论》，北京：商务印书馆，1985年版，第4—5页。

理解。1916年2月16日,袁世凯在芮恩施的安排下接见了美国总统格兰特的儿子,他对小格兰特说:"在这方面人民是合作的,我希望他们将一直合作下去。"①

芮恩施的看法与袁世凯不同,他在回忆录里写道:"企图重建帝制是向后倒退。我总觉得,虽然中国人没有由选举产生的代议制方面的经验,但由于他们在地方上已在很大程度上实行自治,他们可以根据经验和传统而适应于发展某种形式的省的或全国的代议制。然而,我深信,由一个国家或一个国家的官员来断定哪一种政体最适合于另一个国家,那无论如何是不恰当的"②。

芮恩斯在他的另一部著作《平民政治的基本原理》中,对中国实行平民政治表达了他自己的看法:"若是自由平等国家与代议政府的理想,真能彻底地被人民抓住,在中国建设一个伟大、能干、有势力的政治的社会,这种材料就在手中。只要有领袖能将他们自身专心致志在这个目的,他们将来很能成就一种永久的事业,远过于任何私人的利益和财产之上,因为只有经过他们,这很大的人口,才能渐渐地成为真正快乐的和兴盛的,且含有一种人生的满足,这个满足,只有人人觉得自己是一个庄严高尚而有正当势力的国家中之一分子,方可得到。"③

---

① [美]保罗·S.芮恩施著,李抱宏、盛震溯译:《一个美国外交官使华记——1913—1919美国驻华公使回忆录》,北京:商务印书馆,1982年版,第145页。
② [美]保罗·S.芮恩施著,李抱宏、盛震溯译:《一个美国外交官使华记——1913—1919美国驻华公使回忆录》,北京:商务印书馆,1982年版,第138页。
③ [美]保罗·S.芮恩施著,罗家伦译:《平民政治的基本原理》,北京:吉林出版集团有限公司出版社,2003年版,第120—121页。

自信满满的袁世凯，却忽略了一个事实，上书劝进的北洋将领，基本是中层军官，而北洋的首脑人物，如段祺瑞、冯国璋、张作霖等，无一人支持他称帝。

1915年11月，袁世凯派密探严密监视下的蔡锷，借看戏时上厕所之机，神不知鬼不觉地溜出戏院，直奔前门火车站。

"梁启超早已派老家人曹福（天津人）买了两张三等票，在车站等候着。直到蔡上了车，曹福才悄悄地把一张车票塞在他的手里。他们两人在车中装做互不相识。火车到了天津站，曹福护送他到意租界会见梁，与梁会谈后，又护送他到日租界同仁医院预先定好的房间下榻。"①

蔡锷就这样从天津到达日本，然后先斩后奏地给袁世凯写信，说他不辞而别，是去日本就医。"他预先写好一张一张的明信片，都是寄给袁或袁的左右的，他请张孝准旅行日本各地，每到一地就发出一张明信片，借以哄骗袁以为他仍在日本各地游览。张的明信片没有投完，蔡已经经过上海、香港、河内到云南去了。"②

12月，蔡锷在云南成立护国军，誓师讨袁。云南都督唐继尧等也发出通电，要求袁世凯取消帝制，限24小时内答复。连袁世凯的副总统、刚刚被洪宪皇帝册封为"武义亲王"的黎元

---

① 陶菊隐：《北洋军阀统治时期史话》第2册，海口：海南出版社，2006年版，第48页。
② 陶菊隐：《北洋军阀统治时期史话》第2册，海口：海南出版社，2006年版，第49页。

洪,都忍不住叫好:"松坡①不愧英雄本色!"②

  孙中山认为,推翻袁世凯统治的历史时机已经成熟,遂命令中华革命党迅速行动,再掀革命高潮。南北战争再度爆发。

  袁世凯情急之下,急忙请几个月前因发表与袁世凯澄清关系的声明而被袁世凯打入冷宫的段祺瑞出来救火,段祺瑞冷漠地以"宿疾未痊"的借口予以拒绝。这一幕,与武昌起义后,清政府请袁世凯出山,袁世凯以"足疾未痊"为名拒绝何其相似,让人感觉历史真的会重演,好像什么都没有改变,唯有人物的角色关系在变。此时,倍感焦虑的就不是清朝的执政者了,而是袁世凯,他因攫取了权力而坐在了火山口上,这是权力的代价,他必须承受。

  袁世凯又想到了冯国璋,想把冯调到北京来,授以参谋总长兼任征滇军总司令。冯国璋装起病来,拒绝北上。袁世凯派蒋雁行以探病为由于2月13日到南京。冯国璋实在没有病,他抓了蒋雁行的手痛哭流涕地说:"我跟随总统一辈子,总统要如何便如何,怎么总统不把我当作自己人了!"袁世凯接到蒋雁行的密报,知道冯国璋所患的是一种政治病,便又走马灯似的派阮忠枢、荫昌、田中玉到南京来疏通。③

---

① 蔡锷字。
② 李洁:《1912—1928:文武北洋》,桂林:广西师范大学出版社,2006年版,第73页。
③ 陶菊隐:《北洋军阀统治时期史话》第2册,海口:海南出版社,2006年版,第59页。

荫昌再一次历史性地扮演并担负起了南下督师的角色，只是这一次，比上次更加步履艰难。他的南下没有取得丝毫成果。蔡锷带往四川作战的护国军只有3000多人，无异于以云南一省抵抗全国，然而，面对蔡锷的护国军，"中华帝国"的军队却一筹莫展。

在这个关键时刻，袁世凯自己的后院也起火了。1916年3月19日，冯国璋联合江西将军李纯、浙江将军朱瑞、山东将军靳云鹏和湖南将军汤芗铭发出联名电报，逼迫袁世凯取消帝制。

接到这个密报，袁世凯几乎晕倒过去。直到这个时候，他才完全明白他自己亲手缔造、亲自指挥的这支军队，已经转变为自己的敌人，而这个内部敌人比外来敌人更可怕。

屋漏偏逢连夜雨，此时，曾经信誓旦旦的"国际友人"也纷纷变卦了。1915年12月，正当国体已定，登基在即的时候，积极支持袁世凯复辟的日本突然变了脸，联合英、俄，向袁世凯提出警告，要求他延缓改变国体，史称"三国警告"。不久，法、意两国又加进来，变成"五国警告"。一生给别人下过无数圈套的袁世凯此时才明白，自己上了日本人的当。"二十一条"，日本人毁了他一半，到扶他复辟，便把他彻底毁了。日本明白，毁了袁世凯，中国就只有分裂了，袁世凯更明白。

接到冯国璋等人的联名电报，袁世凯两眼失神地哼声说道："完了，一切都完了！我昨天晚上看见天上有一颗巨星掉下来，这是我生平所见的第二次。第一次文忠公（李鸿章）死了，这次也许轮到我！"他又一次十分沮丧地提到他的历代祖先都是在59

岁之前死亡的,而他现在已经58岁,恐怕过不了这一关。

<h2 style="text-align:center">七</h2>

梁士诒回忆:有一天,他坐在袁世凯的对面,看见他用手指蘸着茶,不断地在桌上涂抹,口中念念有词,桌子上涂满了,用纸擦掉,接着写。他最后的计划是:"中央政事由菊人①、芝泉②任之。安定中原军事由华甫③任之。倘能令国家安定,我牺牲至任何地步均无不可。"

说起来,袁世凯称帝后,一天好日子也没过上。他的长子袁克定,为了在"太子"竞争中独占鳌头,在北海团城宴请几个弟弟时,在酒里下了毒,幸亏袁克文想起曹植"七步诗"的故事,随身带了一把银质的汤匙,汤匙放下去的时候,瞬间变成黑色,袁克文愤而离席,袁克定一脸尴尬,不知所措。

1916年元宵节,本应是一个祥和的日子,但这一天,袁世凯的几位姨太太为了"妃""嫔"的命名与袁世凯争得面红耳赤,袁世凯深深叹了一口气,独自回到办公室。从这天起,他就吃不下东西了。5月中旬以后,病势加重。他起初没有在意,当法国医生贝希叶为他导尿时,导出一股股的血水,他才知道,自己的

---

① 徐世昌字。
② 段祺瑞字。
③ 冯国璋字。

病情严重了。

消息灵通的芮恩施每天都能从面见袁世凯的中国官员那里得知有关袁世凯的消息。此时的袁世凯，陷入深深的懊恼和失望中不能自拔。袁世凯的内阁成员周自齐告诉芮恩施：他已经丧失了迅速作出决定的果断，以前那个雷厉风行的袁世凯消失了，变成一个迟钝臃肿的老人，他在面临困难的抉择时简直不知所措。周自齐说："以前他对我提出的建议都立即回答'同意'或'不同意'。可现在呢，他反复思考，犹豫不决，多次改变决定。"周自齐还说，袁世凯已经萌生了辞去所有职务，访问美国的想法，且有人就办理赴美护照问题，征求芮恩施的意见。[1]

1916年3月22日，袁世凯颁布了撤销帝制的命令，23日，申令废止洪宪年号，恢复为中华民国五年。中华帝国，前后只存在了83天。

6月初，袁世凯的健康状况似乎有所改善，芮恩施带着家人到北戴河度假去了，出发前，他给麦克墨莱先生留下一个密码，用"潘"字代表袁世凯。6月6日下午，芮恩施在北戴河收到一封简短电报，电文只有3个字："潘死了。"[2]

同一天，莫理循第一时间得到消息，给《泰晤士报》发去电文：袁世凯这匹参加障碍赛马会的夺标马，在试图跳越帝制这道

---

[1] ［美］保罗·S.芮恩施著，李抱宏、盛震溯译：《一个美国外交官使华记——1913—1919美国驻华公使回忆录》，北京：商务印书馆，1982年版，第150页。
[2] ［美］保罗·S.芮恩施著，李抱宏、盛震溯译：《一个美国外交官使华记——1913—1919美国驻华公使回忆录》，北京：商务印书馆，1982年版，第150页。

高栅栏时，意外而"及时地"死去了。

洪宪王朝共运行了83天，袁世凯在位的时间为82天。袁世凯试图通过称帝冲破命运的魔咒，但恰恰是称帝之举，让他在58岁这年准确地死去，这是他的宿命，也是他的悖论。

后来，有人以此事质问曾经给袁世凯算命的郭阴阳，郭阴阳狡辩说："袁家墓地真的风水甚佳，但仔细堪舆，发现即令大发，亦不过昙花一现。"又问何谓"八二之数"？郭阴阳说，"当时袁世凯下问，我一时不知怎么回答，忽然想起了阴阳八卦二气，就随口说了八二之数。"

袁世凯彻底赌输了，他想到了820年，甚至是8年零两个月，但没有想到是82天。在他临终之际，或许会终于明白，此身之天命，在兆民之人心。

袁世凯的一生充满悖论——他出卖了戊戌变法，却在变法失败后推行更激进的政治改革，为中国的近代化转型奠定了基础；他创建新军，武力强国，但他培养的武夫却使国家陷入数十年的长久战乱；他把大清王朝送进棺材，却又披上龙袍，将辛亥革命的成果归零；他本是晚清之新人，却成民国之旧鬼。

曾经众望所归的袁世凯，在民间的传说中变成了癞蛤蟆。甚至有人信誓旦旦地说，袁世凯咽气的刹那，床下便蹿出一只癞蛤蟆。对于这种不祥之物，人们既敬畏又不屑，就像对失败者的态度。

袁世凯去世后，远在南通的张謇在日记中写道："三十年更事之才,三千年未有之会,可以成第一流人,而卒败于群小之手,谓天之训迪吾民乎?抑人之自为而已。"

袁世凯死于尿毒症,他在病危时让人发电报给徐世昌,请他务必从隐居的河南辉县动身,进京见最后一面。6月5日,徐世昌抵达北京,袁世凯只剩下喘息的力气。他们相互扶持40年,终究还是走向歧路。

袁世凯向他望了一眼,有气无力地说:"菊人来得正好,我已经是不中用的人了。"[①]

然后,袁世凯口中含混不清地说出两个字:"约法",就昏迷过去了。

袁世凯在弥留之际想起了约法,给历史学家留下了无限的阐释空间。没有人知道,他所说的"约法",是孙中山的"旧约法",还是他自己的"新约法"。他的执政史,就是跨越"旧约法",奔向"新约法"的历史,是他不断从限制中突围,获得无限权力的历史,正是无限的权力,将他送入万劫不复的深渊。他一路向着他渴望的顶峰奋力攀登,直到抵达了那个高度,他才真正体会到晕眩和恐惧。他走得太远,那时他才发现,自己已然无家可归了。他死前给自己写下了一副耐人寻味的挽联:"为日本去一大敌,看中国再造共和",是否表明他已心生悔意?如果是,那种悔意也并没有提醒他的部下在日后的厮杀中有所警醒,

---

[①] 陶菊隐:《北洋军阀统治时期史话》第2册,海口:海南出版社,2006年版,第107页。

高处依然诱惑着他们,浑然不知"绝怜高处多风雨,莫到琼楼最上层"。无论怎样,袁世凯的名字将注定被后人的唾沫所淹没,没人会注意他花白胡子上的几滴老泪。

袁世凯输了,输掉了一切。国民党人也输了,输掉了宪政的梦想,他们一心向往的民主共和制度,变得音信渺茫。

民国从此万劫不复。

6月6日凌晨3点,在中南海西岸、慈禧太后于1904年为举办外交活动而建的洋式楼房"海晏堂"里(袁世凯更名为"居仁堂"),袁世凯咽下了最后一口气。次日,他以自己希望的方式入殓——这个已经退位的皇帝、即将卸任的总统,头戴平天冠,身穿祭天礼服,浑然是皇帝的装束。

临终之前,袁世凯的眼睛艰难地转动着,似乎想环顾一下四周,接着,他用极微弱的声音,留下了一生最后一句话:

"是他害了我!"[①]

没有人知道,他在人世间的最后一瞥,看见了谁。

---

① 张华腾:《洪宪帝制:袁氏帝梦破灭记》,北京:中华书局,2007年版,第221页。

◆ 袁世凯赠与莫里循的照片 民国初年

◆袁世凯 1915年

◆ 袁世凯（前排左二）与外国使节

民国初年

◆ 北京天坛祈年殿　民国初年

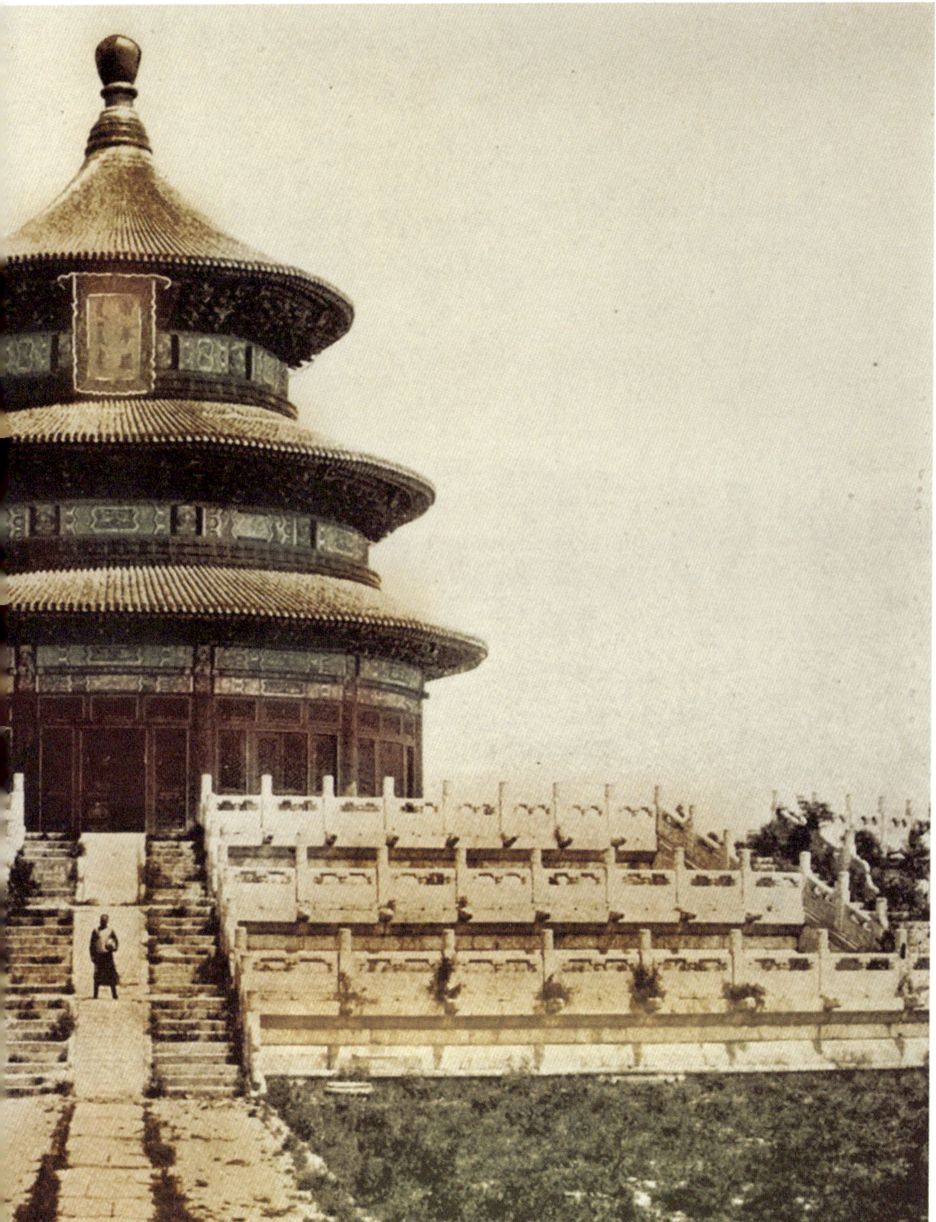

◆ 北京天坛圜丘坛　民国初年

◆ 祭天仪仗 1914年

◆ 祭天仪式前的准备。仪仗待命,道路两旁两百多名乐师身穿缀星蓝底长袍,手持仿古(先秦)乐器 1914年

◆ 黎明，身穿制服的袁世凯乘坐总统专车，在骑兵护送下来到圜丘围墙的大门外，然后被八抬大轿送到墙内临时搭建的帐篷里，而非皇帝的更衣殿，在那儿换上长袍 1914年

◆ 袁世凯从文武百官中走过 1914年

◆ 怂恿袁世凯称帝的罪魁祸首梁士诒（最前者） 1914年

◆ 祭天仪式上的杨度　1914年

◆ 身穿一等官员勉领祭服的朱启钤　1914年

◆ 袁世凯的姨太太和孩子们 民国初年

◆ 袁世凯（中）着洪宪皇帝装 民国初年

传奇四 残局

1916—1917

一

段祺瑞喜欢下棋，他下棋时安静的表情，让人几乎看不出他是个在战场上杀人如麻的屠夫。有一次，他和部属薛观澜对弈，段想悔棋，薛情急，"老段"二字脱口而出，段祺瑞一笑置之。他生活简朴，既不敛财，也不贪恋美色，甚至饮食，都异常节俭，尽管他并不戒荤，但除了米饭馒头，通常只吃一碟雪里蕻外加一点辣椒，对于山珍海味，看都不看一眼。仅从个人道德角度上讲，他几乎是一个无可挑剔的人。方正的棋盘，似乎概括了他对生活的全部需求。在他的生命中，不知有多少个危难时刻，是守着一盘残局度过的，只要他的棋子一息尚存，现实中的他就能绝处逢生。

当芮恩施拜访这位后袁世凯时代的内阁总理的时候，出现在他面前的，是一个身穿朴素长袍的文弱的中年人——在大部分时间里，段祺瑞是不穿军服的。这是因为他对政局的兴趣似乎远远不及他对棋局的兴趣，而下棋，是不需要全副武装的。

段祺瑞的下棋史，至少可以追溯到小站练兵时期。他与许多北洋军官都下过棋，包括冯国璋、张勋、曹锟等。这些一口锅里吃饭、一张炕上睡觉的兄弟，后来——由棋盘上的对手，变成政治上的敌人。

二

袁世凯死后，北京东厂胡同黎元洪宅邸，突然来了一位不速之客，这个人，就是段祺瑞。

黎元洪曾经是大清帝国南方新军的一名军官，在武昌起义时，被起义军拉出来做革命领袖。这个宋江式的人物，在开始时固然有些胆怯，对拉他革命的士兵说："休要害我！休要害我！"然而，他是那种一旦下定决心义无反顾的人。武昌起义后的第二个月，1911年11月20日，英国《大陆报》记者丁格尔得到了一张通行证，前往革命军控制的武昌采访黎元洪，黎元洪以一口流利的英语跟他交流，黎元洪留给他的第一印象是："他极端镇静，具有深邃的洞察力，这是一般军人所无法企及的。他在极端紧张的脑力和体力生活中的忍耐力，正在向世界显示他是一个与生俱来的领袖。黎将军大约有48岁的年纪，乍一看，他给人以勇敢而冷静的印象。我禁不住一再注意到这位民族领袖的果断而老练的眼神，他能立即把话锋转向实际问题，并且对事实有真切的洞察力。他目光专注，全心投入。他的性格与其说是开朗不如说是坚强，他的话语中充满诚恳与真意。"①

他在宣誓时说：

众意难辞，自应受命；成败利钝，死生以之；决心革命，毋庸有贰。

他没有自食其言，很快冲到了武昌保卫战的前线。必须承认，由于武昌起义是在同盟会领导人孙中山、黄兴等不在场的情况下突然发生的，黎元洪的临阵指挥，对起义成功起了关键性的作用。

但袁世凯派来的北洋新军很快就杀来了，黎元洪遭遇了一个坚硬的对手，就是段祺瑞。

此时，这两个在战场上通过望远镜对望的人，已经循着各自的来路进入民国，在民国这个巨大而复杂的棋盘上狭路相逢。在中华民国的第一届政府内，黎元洪和段祺瑞分别担任副总统和内阁总理（兼陆军部长），历史本身的戏剧性，似乎连他们自己也没有想到，而这种戏剧性，才刚刚开始，还将出其不意地发展。

---

① ［英］埃德温·J·丁格尔著，陈红民等译：《1911—1912亲历中国革命》，杭州：浙江大学出版社，2011年版，第4页。

那一天，段祺瑞是在他的老朋友张国淦的陪同下，前来向黎副总统报告袁世凯死亡的消息。在几乎老死不相往来的副总统与总理之间，这是他们少有的一次见面。

他们的车子在黎宅门前刚刚停稳，张国淦便抢先闪进院子里，向黎元洪报告："总理来了。"接着，又喘着粗气说："总统过去了。"

黎元洪面无表情地在客厅的主位上落座，段、张分坐两边，会谈气氛一点也不亲切友好——段祺瑞一言不发，黎元洪也保持沉默，空气突然间凝固了。这场哑剧持续了大约40分钟，双方似乎都坚持不下去了，段突然站起来，向黎元洪半鞠了一个躬，表示告退，黎元洪也如释重负，站起来送客。段祺瑞临走时向张国淦交代："副总统方面的事，请你招呼！"张国淦问："国务院方面的事呢？"段祺瑞回答："有我。"说完，扭身跨入汽车。

段轻视黎的原因，陶菊隐归结为以下三点："第一，前清时期，他自己做过统制（师长）、军统（军长）和提督，署理过湖广总督，而黎不过是一个协统（旅长）；第二，袁世凯当权时期，他是北洋派首屈一指的大将，而黎不过是一个无权无勇的政治俘虏；第三，目前黎的总统地位是他一手'提拔'起来的。因此，他认为对黎没有假以词色的必要。"[1]

---

① 陶菊隐：《北洋军阀统治时期史话》第2册，海口：海南出版社，2006年版，第151—152页。

实际上，黎元洪这个憨态可掬的大玩偶，已经得知了袁世凯过世的消息。

自1913年12月，身在湖北的黎元洪被袁世凯派来的段祺瑞拉上前往北京的火车，他就注定要成为袁世凯的政治俘虏。尽管袁世凯以迎接孙中山的规格迎接黎元洪，但宴会结束后，黎元洪就被送到了中南海瀛台，一见瀛台，黎元洪就明白了自己的处境，在以后的日子里，这位副总统除了看书、写字、散步以外，没有任何事情可做。每日晨起，即吟诵佛经，偶有客来，则颓然若愚，绝口不谈政治。他在禁宫中苦挨春秋，所幸他的运气比光绪好，他熬到了袁世凯死，只是刀刃下的生活，练就了他的谨小慎微，所以，当袁世凯的死讯传来的时刻，素来谨慎的黎元洪不敢轻易相信。他派女儿黎绍芬前往中南海打探消息。当黎绍芬说，她在中南海怀仁堂，看见尚未入殓的袁世凯尸体上盖上黄缎子的陀罗经被以后，黎元洪才相信，自己的出头之日，来了。

1916年6月7日，黎元洪在北京东厂胡同自己家中宣誓就任中华民国第二任总统。黎元洪既不是北洋系出身，又非革命党出身，而是游离于二者的中间人物。但他至少在武昌起义伊始，就被推举为湖北军政府都督，因而，对黎任总统，南方军政府表示欢迎，并寄予了厚望。两天后，孙中山致电黎元洪，促请迅即"规复约法，尊重国会，……与国民从事建设"[①]。

然而，此时的北京，是北洋系的天下，他们对于黎元洪这

---

① 《民国日报》1916年6月11日。

个来路不明的人继任总统十分不满，黎就职当天，他们就聚集在段祺瑞的总理办公室，要求段祺瑞或者徐世昌就任总统。段祺瑞说，总统是谁并不重要，重要的是要实行责任内阁制，削弱总统权力。黎元洪时代，从一开始就蒙上了一层阴影。

南方革命党在制定《临时约法》时，试图通过责任内阁制来限制作为总统的袁世凯的权力，此时，内阁制却成为北洋系用以限制倾向共和的黎元洪的制胜秘籍，这种因果关系的转换，仿佛历史的一场玩笑。

1916年6月28日，鲁迅在日记里写道："袁项城出殡，停止办事。午后往留黎厂。"[1]在教育部供职的周树人（鲁迅）此前曾被派去，为袁世凯守灵。

袁世凯出殡的场面非常隆重，当美国公使芮恩施以外国驻华使节的身份参加追悼会时，展现在他面前的是一个新旧组合的奇怪仪式："总统的遗体就安放在他常常接见我们的地方的一个高的灵柩台上。在里面套间入口处的前面有几排桌子，上面陈列着丧礼的祭品以及死者个人用的武器、衣服和其他物件。这里有华丽的清朝满服，其中包括著名的黄马褂，以及新式的将军制服和各国赠送的表示荣誉的无数装饰品；还有长筒靴、中国软拖鞋、长烟斗、外国烟具、剑和手枪。"[2]

---

[1] 《鲁迅全集》第十四卷，北京：人民文学出版社，1982年版，第224页。
[2] ［美］保罗·S.芮恩施著，李抱宏、盛震溯译：《一个美国外交官使华记》，北京：文化艺术出版社，2010年版，第178—179页。

从中南海怀仁堂启灵时，北京城内外各寺庙同时撞钟101下。在新华门外搭起来的三座素彩牌坊下，挤满了貌似悲伤的各级官员，而黎元洪却表现出十足的冷漠。当灵柩运出新华门时，他才姗姗而至，向那具沉重的棺材匆匆行了一个礼，就转身回到他的办公室上班去了，整个过程，一言未发。本应由这位新任总统主持的公祭仪式，也由段总理代表了。

失去袁世凯的中国，就像一座失去住持的古寺，荒草一直漫过佛像脚下，青苔沿着屋檐放肆地游走。黎元洪并不具备袁世凯那样的权威，段祺瑞则不具备袁世凯那样的手段，国家的前途，也因此变得扑朔迷离。中国的任何一个朝代，都从未有过如此狼狈荒诞的开局。

三

黎元洪和段祺瑞的住宅只隔着十几条胡同，相距不到两公里。黎元洪在东城东厂胡同的宅子，是他从瀛台搬出后，袁世凯花10万大洋买来送给他的，据说这里曾经是明代东厂的办公场所，清代的文渊阁大学士瑞麟、军机大臣荣禄，都曾经是它的主人。明代人人望而生畏的恐怖之所，在清代一点点变成拥有亭台楼阁、假山叠石的华美庭院，到黎元洪手中时，葳蕤的草木早已覆盖了先朝的凝血，流淌的碧水也早已把瘀血的冤魂漂洗干净。黎元洪搬进来时，自己为大门写了一副对联：

> 大泽龙正蛰
>
> 中原鹿正肥

还为自己的房子起了一个堂号：大德堂。

近百年后，我们仍然可以从这些字符间，体会他潜伏在内心深处的渴望。

段祺瑞在东城府学胡同的宅子，也是袁世凯送的，价值30万大洋。

但在心里，两人却相距千里万里。

说起来黎元洪与段祺瑞有不少相似之处：父母早丧，家境贫寒，少年时曾在军营中生活，读过私塾，入过军校。黎元洪毕业于北洋水师学堂，教材兼用英文，之后曾赴日考察3次；段祺瑞毕业于北洋武备学堂，之后留学德国两年。

二人又都有"贵人"提携：黎元洪为张之洞训练新军，段祺瑞为袁世凯创办军校。黎元洪在湖北，劝张之洞派遣青年学生赴日留学，之后中国留日学生中，湖北竟占四分之一，时人称"学界军界人才如此之盛，皆当日元洪一言之力也"。

段祺瑞在小站、保定，督办随营军事学堂、陆军速成学堂、陆军军官学堂、参谋学堂，北洋军官多半受教于他，蒋介石就是他的学生。中国近代之军事教育，段祺瑞功不可没。

段祺瑞屡次在通电里以北洋系领袖自居，强调北洋系散布在各地的将领应团结一致,共赴国难。"环顾国内,惟有我北方军人实力,可以护法护国……我北方军人分裂,即中国分裂之先声;我北方实力消亡,即中国消亡之朕兆。"

在一个善变的时代中,很少有人再笃信什么。因为人们深知,越是对什么确信无疑,就越要为它付出沉重的代价。然而,段祺瑞却从不讳言对武力的崇拜,在小站练兵时期就拜在袁世凯麾下的段祺瑞,认定强军是复兴国家的唯一方法,所谓先军政治,不是段祺瑞一人的天真和固执,而是他的盟友与敌人们的共识。段祺瑞手里有兵,还有政权,可以凭政府信用向外国人借钱,这些都是孙中山手里没有的。尽管他们并不知道,仅仅依靠枪炮与枷锁,是否足以驯服失控的时代,自己将因此被戴上荆棘的桂冠,还是被时代的烈焰无情吞噬。

所有人都知道黎元洪是一颗死棋,动弹不得,只有远在南方的孙中山,从黎的继任中获得了一点希望。至少,黎元洪也算得上一个半路出家的革命党。黎元洪当然知道,自己不是北洋的一员。他决意抛开这些北洋军人,邀请南方护国军政府的人士北上入阁,这是黎元洪走出的第一步棋。他天真地以为,只要恢复了约法和议会,响应孙中山关于拟按美国模式实行地方分治的倡议,中国的"问题"就会迎刃而解——这便是黎元洪当年的"科学"幻想。

1916 年 7 月,黎元洪拟任蔡元培为浙江省省长,借此表明他组建"全民政府"的决心。蔡元培曾经"为难"过黎元洪:武昌起义后,组建临时政府的关键时刻,蔡元培找到立宪派重要人物、浙江军政府都督汤寿潜,建议推举黄兴为大元帅。身在武昌前线的黎元洪得知后,立即通电反对。后来,尽管改任黎元洪为大元帅,黄兴为副元帅,但黄兴已经掌握了组阁权。黎元洪感到一种可怕的孤独,他或许会想到,在革命阵营内,这种孤独会始终缠绕着他。

然而,黎元洪还是想打破党同伐异的用人陈规,尽管蔡元培没有履任,但1916年9月的一天,当教育总第范向黎向他报告,北京大学校长胡仁源做不下去了,黎元洪肉墩墩的脸立刻笑开了花,他用发给蔡元培的一纸电文回答范向黎的疑惑,电文是这样写的:

> 国事渐平,教育宜急。现以首都最高学府,万顿大贤主宰,师表群伦。海内人士,咸深景仰。用特专电敦请我公担任北京大学校长一席,务祈鉴允,早日归国,以慰瞻望。[①]

黎元洪决心任命蔡元培为北大校长,是因为他看到了蔡元培在唐绍仪内阁任教育总长期间,主持制定了中国第一个西方化的新学制,史称"壬子癸丑学制",以及将京师大学堂改为北京大学的惊世之举,现在,蔡元培要亲自主持他改制的这所大学了,

---

① 高平叔:《蔡元培年谱》,北京:中华书局,1980年版,第29页。

此后，他将更深刻地影响这所大学。

蔡元培后来回忆说："初到上海，友人中劝不必就职的颇多，说北大太腐败，进去了，若不能整顿，反于自己的声名有碍，这当然是出于爱我的意思。但也有少数的说，既然知道他腐败，更应进去整顿，就是失败，也算尽了心；这也是爱人以德的说法。我到底服从后说，进北京。"①

从某种意义上说，后来的五四传奇，离不开黎元洪的"第一推动"。

有人以"无边光景一时新"形容此时的北京政坛。后来，北大教授胡适等人期待"好人政府"，与黑暗的军阀统治对峙，所谓"好人"，指的就是黎元洪。

北大教授李大钊，也是应黎元洪的邀请参与起草相关法案。

芮恩施就是在这样的气氛下，专程拜访了黎元洪。那天，他穿越东厂胡同黎宅的内院和花园，一路走到黎元洪陈设简单的书房。那天有很好的阳光，他们的心情也都很好。黎元洪叫芮恩施坐下，然后十分乐观地对他说："我已经找到了获得各派合作的办法。我将宣布1912年的临时宪法生效并召开旧国会，但国会议员应该减少一半，因为它太庞大了。"②

此时，由于袁世凯已死，黎元洪已继任总统，南方独立各

---

① 蔡元培：《我在北京大学的经历》，《东方杂志》第31卷第1号。
② ［美］保罗·S.芮恩施著，李抱宏、盛震溯译：《一个美国外交官使华记》，北京：文化艺术出版社，2010年版，第183页。

传奇四 残局　　**129**

省已陆续放弃独立。黎元洪于是在1916年10月10日，袁世凯去世后的第一个"双十节"，授予孙中山大勋位，以表明国家已经统一，南北隔阂不复存在。黎元洪经常与孙中山、黄兴、岑春煊、唐绍仪等文电往来，段对此大为不满："原来这些反对我的人都是你的好朋友！"[①]

对于黎元洪与孙中山之间的藕断丝连，段祺瑞还是不慌不忙地还了一着：在黎元洪力主的授勋名单中，加上了为数可观的北洋人物——北洋"三杰"段祺瑞、王士珍、冯国璋都得到一等大绶宝光嘉禾章，甚至清室的要人，也一个都不能少——世续得到勋位，载涛得到一等文虎章，绍英得到二等宝光嘉禾章……这次授勋，由于光怪陆离、包罗万象，而被时人称为"勋章雨"，它所制造的国家和谐表象背后，是总统府与国务院"府院"之间无法掩饰的断裂。

然而，10月31日和11月8日，刚刚得到勋章的黄兴和蔡锷相继去世，前者享年42岁，后者只有35岁。北京政府下令褒扬他们再造共和的功绩，并分别给予治丧费2万元。

为了表示与黎元洪政府的合作诚意，孙中山于1917年1月，在上海环龙路[②]寓所举行了受勋仪式。

不知段祺瑞是从什么时候开始正视黎元洪这个对手的，总

[①] 陶菊隐：《北洋军阀统治时期史话》第2册，海口：海南出版社，2006年版，第152页。

[②] 今上海市黄浦区与徐汇区南昌路。

之,政局并没有按照他预想的路径发展。两个人不动声色的绞杀,已使手下的棋局一片狼藉,民国的政局更是一地鸡毛。段祺瑞终于动怒了,他甚至大吼道:"我是叫他来签字盖印的,不是叫他压在我的头上的!"

在总统府与国务院胶着的对抗中,段祺瑞决定走出关键性的一步棋——提名自己的亲信徐树铮任国务院秘书长。让总统府秘书长张国淦向黎元洪转告这一决定。黎元洪这个滚刀肉,终于表现出他刀枪不入的内功,面对来自段祺瑞的施压,他不温不火地对张国淦说:"请你告诉总理,一万件事我都依从他,只有这一件办不到。"①

黎元洪的下一步棋是提出一个交换条件,即以后国务院秘书长因公到总统府,必须与总统府秘书长偕同来见。但这步棋又使他陷入被动。徐树铮到职不久,专断态度立刻显露无遗。根据陶菊隐的记载:一天,因发表福建三个厅长的命令到公府办理盖印,黎元洪偶然问到这三个人的出身和历史,徐树铮很不耐心地说:"总统不必多问,请快点盖印,我的事情很忙。"他走出总统府后,黎元洪气愤地对手下人说:"我本来不要做总统,而他们也就公然目无总统!"②

随着徐树铮这颗棋子的落定,段祺瑞的心情安稳了许多,至

---

① 陶菊隐:《北洋军阀统治时期史话》第2册,海口:海南出版社,2006年版,第152—153页。
② 陶菊隐:《北洋军阀统治时期史话》第2册,海口:海南出版社,2006年版,第153页。

少，他可以更加安心地下棋了。芮恩施说："虽然段氏在政府中有着极重要的影响，但他却把一切具体的事情交给他的助手曹汝霖先生和徐树铮将军处理。他宁愿下象棋，然而他始终愿意对部下所做的事承担责任。往往当他棋兴正浓，把全部思想都集中在那变化无穷的玩意上的时候，徐将军走到他身旁向他报告事情，这位总理只是不大在意地听着，随即会回答说：'好，好。'但当像这样采取的行动没有取得好的结果，这位总理要求作出解释时，人们才提醒他那是他亲自批准这样做的"①。他从来不让为自己卖命的部下承担责任。

段祺瑞在逼迫清廷退位过程中发挥了一定作用，被称为"一造共和"；他反对袁世凯复辟帝制，并在袁世凯死后执掌大局，拥名"二造共和"。此时，他不惜对抗民意，为袁世凯主持国葬，并亲自执绋扶柩，除了表明他不忘旧情的忠义外，也暗示他将奉行没有袁世凯的袁世凯路线。他在袁世凯去世的当天代拟袁的遗令，根据"新约法"第29条，以副总统黎元洪继任大总统，表明他依然以袁世凯的"新约法"为自己的执政依据，对此，孙中山等发表通电，在赞成黎元洪继任总统的同时，认为黎元洪继任的法律依据不是"新约法"，而是南京临时政府制定的"旧约法"，因为以"旧约法"为基础的总统选举法规定：大总统缺位时，由副总统继任。

---

① ［美］保罗·S.芮恩施著，李抱宏、盛震溯译：《一个美国外交官使华记》，北京：文化艺术出版社，2010年版，第219页。

6月25日，一则来自南方的电讯震动了北京：驻沪海军总司令李鼎新、第一舰队司令林葆泽、练习舰队司令曾兆麟宣布独立，逼迫北京政府"恢复元年约法、国会开会、正式内阁成立"[①]。"这次海军的独立，却是另外一种独立，是高举'护法'旗帜、反对段而不反对黎的一种独立。海军的独立，不仅严重威胁北洋派势力下的东南沿海各省，而且护国军很有可能利用海军运兵北上，北方地区也将受到威胁。在此情况下，段终于被迫放弃其不肯恢复旧约法和国会的成见。"[②]

　　万般无奈之下，北京政府于6月29日宣布恢复早已被视为废纸的《中华民国临时约法》。8月1日，沉寂已久的宣武门内象房桥国会礼堂终于热闹起来，国会重新开幕。由于国民党已被袁世凯解散，孙中山成立的中华革命党只是一个秘密团体，并未受到政府承认，进步党也被主张"不党主义"的梁启超放弃，原来国会中两党对峙的局面变为小党林立，因此，国会重开之日，各政党之间展现出融洽合作的气氛，只是这一切都只是表象，在第一次府院之争白热化的状态下，在势不两立的总统与内阁之间，国会什么作用也起不了，如同袁世凯时代一样，表面上的三角关系，最终将被一个政治强人所取代。

　　在府院之争这个泥潭中焦头烂额的黎元洪想起了他的救兵，

[①] 陶菊隐：《北洋军阀统治时期史话》第2册，海口：海南出版社，2006年版，第117页。
[②] 陶菊隐：《北洋军阀统治时期史话》第2册，海口：海南出版社，2006年版，第118页。

那就是张勋。当他将他拟请张勋进京调停府院之争的决定透露给美国公使芮恩施时，芮恩施立刻陷入一种无言的沉默。那天，黎元洪在与芮恩施午餐时对他说："张勋将军会帮助我。"芮恩施的表情凝住了，不知该如何回答。在芮恩施看来，张勋是一个地地道道的土匪，他的脑袋里根本就没有代议制这个东西，不可能支持黎元洪重新使用议会政治的理想。面对芮恩施的满脸疑惑，黎元洪又重复了一遍："真的，你可以相信我。我能够依靠张勋将军。"①他没有想到，自己正在做出一个令他以后追悔莫及的决定，张勋率领他的5000辫子军进京后，连黎元洪自己都险些成为他的俘虏，最终在日本人的帮助下，才逃出纷乱的北京。

四

鲁迅在日记里记录了他在火车上隔窗见到辫子兵的印象："二十日夜，抵兖州，有垂辫之兵时来窥窗，又有四五人登车，或四顾，或无端促卧人起，有一人则提予网篮而衡之，旋去。"②

一连串的动作描写，勾勒出辫子兵的土匪形象。周作人在《知堂回想录》里回忆说："现今的人，没有见过'辫子兵'的恐怕不能想象那里的情景吧，因为一个如剃去头上四周的头发，只

---

① ［美］保罗·S.芮恩施著，李抱宏、盛震溯译：《一个美国外交官使华记》，北京：文化艺术出版社，2010年版，第237页。
② 《鲁迅全集》第十四卷，北京：人民文学出版社，1982年版，第63页。

留中间一块，留长了梳成一条乌梢蛇似的大辫，拖在背上，这决不是一种好看的形相，如果再加上凶横的面目，手上拿着凶器，这副样子才真够吓人哩。如今听说这位张大帅将以督军团首领的资格，率领他的辫子兵进驻京津，这岂不是最可怕的恶消息么？"①

张勋率领他的辫子军于1917年6月7日，自徐州一路北上，8日，抵达天津，黎元洪派专使、总统府秘书长夏寿康前往迎接。正当段祺瑞专注于棋盘的时候，他听见军车的声音由远而近，带着一声尖厉的刹车声突然停在他家的门口，一个不速之客，来了。他，就是张勋。张勋没有忘记专门下车拜访段祺瑞。看着客厅里的张勋，段祺瑞没留情面地对他说："你若复辟，我一定打你！"这句忠告果然应验了——张勋复辟了，段祺瑞把他打得屁滚尿流。

只是此时的他还不想动张勋，他料定张勋一旦进京，就会充当他的清道夫，驱逐黎元洪，如果他真的复辟，再收拾他也不迟。

就在抵达天津这一天，张勋对夏寿康提出，请总统下令解散国会。直到这时，黎元洪才意识到问题严重了。还没等到他拿出对策，辫子军的先头部队已于9日开到北京。此时的黎元洪，再度表现出老实人的执拗——他下令把公府大礼堂粉饰一新，重新

---

① 周作人著，止庵校订：《知堂回想录》下，石家庄：河北教育出版社，2002年版，第368页。

布置，准备以此作为张勋进京后的行馆。在解散国会与复辟之间，他决定两害相权取其轻。但他忽略了一点：解散国会就是取消共和制度，为清室复辟铺平道路。

命运多舛的国会，连同它所遵循的《临时约法》，再度显示出它弱不禁风的性格。

14日下午，张勋以"胜利者"的姿态进入北京，传说中的"辫帅"，第一次在北京市民的视野中隆重面世。自南京共和政府下剪辫令那天，张勋就旗帜鲜明地表明了坚决捍卫辫子的立场，说："宁死我也不剪辫！"这一天，他头戴瓜皮小帽，帽子中央还镶嵌着一方宝石，脑后垂着那条著名的大辫，身穿纱袍，外面套着韦陀金边的玄色大马褂，脚登乌缎鞋。在市民们眼中，无异于一个"不伦不类的大怪物"。①

两天后，张勋便头戴顶戴花翎，乘坐汽车抵达他向往已久的神武门前，换乘肩舆，进入那座恢宏的旧宫殿，匍匐在废帝的脚下。

此时，26岁的胡适正在从美国回国途中，船到横滨时，听到张勋复辟的消息，这位深受美式教育的青年感到无比扫兴，他在《我的歧路》中写道："到了上海，看了出版界的孤陋，教育界的沉寂，我方才知道张勋的复辟乃是极自然的现象，我方才打定20年不谈政治的决心，要想在思想文艺上替中国政治建筑一

---

① 陶菊隐：《北洋军阀统治时期史话》第2册，海口：海南出版社，2006年版，第230页。

个革新的基础。"①

6月里,芮恩施的家人照例到北戴河度假去了,他和刚刚抵达北京的同事F. L.贝林先生留在原来的寓所。7月1日是星期天,早晨天气阴凉,芮恩施睡了一个懒觉,很晚才起床。但他刚刚起来,就从他的男仆那里听到一个令他震惊的消息:

"皇帝又回来了!"②

这一天凌晨4时,黎元洪的面前,突然出现了一群来路各异的人,他们是张勋派来的"代表",其中包括:民国代表王士珍、江朝宗,清室代表梁鼎芬,以及张勋自己的代表李庆璋,他们的任务,是逼迫黎元洪在他们早已拟定的"奉还大政"的"奏折"上签名盖章。黎元洪坐在那里,一动也不动。他轻蔑的目光只在王士珍的脸上扫了一下,王士珍就尴尬地把头低下,一声也不敢吭。梁鼎芬催促他签字,黎元洪很不客气地说:"你是什么人,我不和你说话!"然后索性把眼睛闭上,闭目养神。

黎元洪悔之晚矣。无论府院之争怎样惨烈,毕竟是在民国的体制下,而此时,国家已经倒退到革命前的帝王时代。现实又给"鹬蚌相争,渔翁得利"这句古语提供了一个生动的注解。现在,黎元洪的全家都成了张勋部队的阶下囚,身家性命早已控制在别人手里。当"皇帝"的"谕旨"像雪片一样四处下发的时候,黎

---

① 《胡适全集》第二十八卷,合肥:安徽教育出版社,2003年版,第581页。
② [美]保罗·S.芮恩施著,李抱宏、盛震溯译:《一个美国外交官使华记》,北京:文化艺术出版社,2010年版,第183页。

元洪拟定了重新起用段祺瑞的任命书，命令他率军讨逆，并发出了命冯国璋在南京代理总统职权的电报，危难之际，他想起来的，仍然是段祺瑞这个把持武力的救命稻草。电报发出后，黎元洪悄然出逃。

天亮时，警察开始挨家挨户地督促悬挂龙旗，假辫发和红顶花翎又成了市场上的畅销商品，中华门又被改为"大清门"，到夜晚 6 时，整个北京城已经变成一片龙旗的海，只有总统府，依然飘扬着一面孤独的五色国旗。

五

当溥仪在养心殿聆听张勋奏请他重登皇位的唠叨时，段祺瑞已经作为一介布衣，隐身津门。

此前，黎元洪在府院之争中独占了鳌头，签署了打发段祺瑞回家的命令。第一次府院之争告一段落，双方似乎各得其所——黎元洪获得了他想象中的总统权力，而段祺瑞则可以在家安心下棋了。

中国的掌权者，从来不乏华屋巨宅，从阿房宫到紫禁城，建筑的宏伟已经成为对于权力欲望的直观表达。对段祺瑞来说，向来不聚私财的结果，就是连个落脚的地方都没有。段祺瑞的清廉，似乎与他北洋军阀首领的头衔对不上号。他在北京的第一所宅院，是袁世凯在受载沣排挤、开缺回籍时送给他的；而他在天津的落脚处——一座精美的米色欧式建筑，也是他部下的产业，暂且借给他用。

那时，他正陷于坐骨神经痛和风湿病的折磨中，痛苦不堪，时常将两腿浸入冰水，使其失去知觉，借此减轻痛苦。

除此，似乎再也没有什么能够打扰段祺瑞下棋的心情了。被公众和各派政治人物所瞩目的那个段祺瑞消失了，阡陌纵横的棋盘仿佛一张网，将他罩起来。他乐于自投罗网，因为只有这张网，才是躲避现实的网。在当时的政治版图中，军阀政府占了北方，革命政府占了南方，外国人占了租界，而每个势力的内部，又可以细分，再细分，分成若干个细胞似的利益集团，每一个小集团，都有自己的山头、自己的手段，而更加广大的民间社会则更加成分复杂，有左翼，有右翼；有激进派，有保守派、温和派。如再细分，还有极左、极右、中间偏左、中间偏右，等等。所有的细胞，杂乱无章的运动，不能组成一个有机的肌体，相反，它们互相排斥，互相抵制，互相消解，而权力顶峰的人，必将成为众矢之的，成为所有人共同抨击的对象，这也是实力雄厚的段祺瑞对总统宝座望而却步的主要原因，后来他以大执政的名义坐上去时，果然身败名裂。作为一颗棋子，他不知该将自己落在何处，只能落在自己寓所的棋盘上。他累了，不屑再去蹚民国的浑水了，只有那个命运交错的棋盘，让他乐此不疲。今天我们很难想象，像段祺瑞这样的政治强人，也会生出避世的念头，他不是以退为进的袁世凯，而是当年躲进金石书画里再也不想出头的端方。

但整个 7 月里，他落子的时候，心绪还是有点纷乱，总是举棋不定。7 月 2 日凌晨 2 时，在这座借来的官邸里，段祺瑞正在牌桌上与朋友们陷入一场混战，突然响起刺耳的电话铃声。紧接着，一位不速之客来到他的门口，仆人出去，又回来，在段祺瑞耳边低声说了三个字：梁启超。梁启超从来没有来段府串过门，这是真正的不速之客，段祺瑞惊讶地抬起头来，知道北京出了大事。

此时，梁启超的老师康有为，正沉浸在复辟成功的狂喜之中，3 天前，康有为就抵达北京，参与复辟的密谋，连张勋为皇帝准备的复辟上谕，都是康有为起草的。这次复辟令他感到精神抖擞，他知道，真正"有为"的时刻终于到来了。自戊戌年的君宪梦破碎以来，只有这天晚上，康有为睡了一个好觉。

而他的学生梁启超，则与他背道而驰，早在 1902 年 2 月，在日本的梁启超就曾公开表达了与这位保皇主义老师分庭抗礼的决心："吾爱孔子，吾尤爱真理！吾所不惜；与四万万人挑战，吾所不惧。"终于，张勋复辟之后，师生的反目已经无可挽回，就在康有为高枕无忧的夜晚，愤怒的梁启超写下通电一封：

处文明之世运，而梦想雍、乾之操术，叩以立宪之义，盖举朝莫之能解，使其政府幸而有一年数月之寿命，则其政象吾收为预卜曰，桓玄、朱温时代专制而已。夫专制结果，必产革命，桓玄、朱温宁有令终，所难堪者，则国家之元气与人民之微命也。[1]

与梁启超相比，此时的"段合肥"[2]，正沉浸于退休带来的幸福感中，对政治已经失去了热情。梁启超来找段祺瑞的目的只有一个：劝说他兴师讨贼。在梁启超看来，只有段有能力结束这场复辟的闹剧——他是梁启超，也是民国的一棵救命稻草。尽管此时的段祺瑞身为一介布衣，手里没有一兵一卒，是一个地地道道的光杆司令，但他的影响力一刻未减，只要他把手一挥，北洋的力量就会在他麾下重新集结。

面对梁启超的苦口婆心，段祺瑞一直沉默着，目光紧紧锁定了眼前的棋盘，终于，他哗的一声，推开了他面前的棋盘，站起身，说了一声："走！"

守着棋盘的轻闲岁月是他的梦，但是没有了权力的保证，他的梦将像这个国家所有人的梦一样不堪一击。从这个意义上说，只有他在后来的执政府里下棋，才是最惬意的。即使如此，混乱的现实仍会将他的梦分割成一堆碎片——连最高掌权者都是如此，普通国民的处境，可想而知。

1917年7月6日，孙中山率领驻上海海军、部分国会议员，偕同章太炎、廖仲恺、朱执信、陈炯明等乘军舰南下广州，决定

---

[1] 梁启超：《梁任公反对复辟之通电》，《大公报》1917年7月3日。
[2] 段祺瑞生于安徽省合肥市，因此又称"段合肥"。

武力讨伐张勋,捍卫约法。

河北青县运河东岸一个名叫马厂的小村落,在波澜起伏的玉米地里,有一条津浦铁路从中间穿过。在大清光绪初年(1875年),这里兴建了帝国的兵营,到这一年,这个兵营仍然是军队驻扎之处。7月3日,头戴破旧草帽的农民们从田垄里抬起头的时候,士兵们背着枪,从兵营里出来了,枪上的刺刀在阳光下发出晕目的光。农民们并不知道,京城又闹乱子了,这一群背着枪的士兵,要与京城里另一股士兵作战,那一切似乎与他们无关,又似乎决定着他们每个人的命运。

他们同样不知道,那些士兵,刚刚举行了誓师仪式。仪式上有两个大人物出席,一个是段祺瑞,另一个就是梁启超。段祺瑞已经通电讨伐复辟,宣布复任国务总理,电文就是梁启超写的。电文中写:

> 安有君主专制之政,而尚能生存于今日之世者?其必酿成四海鼎沸,盖可断言。而各友邦之承认民国,于兹五年。今翻云覆雨,我国人虽不惜以国为戏,在友邦岂能与吾同戏者?内部纷争之结局,势非召外人干涉不止,国运真从兹斩矣。①

接下来的几天,北京的市民时常被黎明的炮声和步枪声惊

---

① 《大公报》1917年7月4日。

醒。流弹不断打在城墙上，发出非常尖锐的声响。不到一周，张勋的辫子军就被打得屁滚尿流。7月12日上午10时，聚集在天坛的张勋的部队就挂起了中华民国的国旗。讨逆军向他们承诺，投降了，每人将得到60元，驻扎紫禁城附近的张勋部队与讨逆军讨价还价，最终每人得到80元，3天后，他们交出武器，剪掉辫子，揣着刚刚得到的钱离开北京，返回山东老家去了。这一天，北京城又成了五色旗的海洋，段祺瑞"三造共和"的事业，至此功德圆满。被匆匆剪掉的辫子满地狼藉。

段祺瑞就这样回到北京东厂胡同的故宅，一切都与从前一样，只是他厌倦了黎元洪这个政治对手。段祺瑞率领的讨逆军在控制北京局势以后，张勋复辟期间在南京代行民国总统职权的冯国璋收到段祺瑞从北京发来的急电，电文只有四个字："四哥快来！"这封简洁的电报令冯国璋心头一热，立即从南京出发，取代在复辟中逃亡的黎元洪，到北京就任新一任总统。小站时期朝夕相处、时常下棋娱乐的两位兄弟，成为这个命运多舛的新生民国的最高领导人。

1924年3月，北京大学为了纪念成立25周年举行了一次民意测验，根据得票多少，北大学生选出的"民国大人物"依次为：孙中山、陈独秀、蔡元培、段祺瑞、胡适、梁启超、吴佩孚、李大钊、章太炎。其中，段祺瑞名列第四。在这份名单中，文化人十占其七，表明了当时青年学生的价值取向。此时，距离段祺瑞在"三一八惨案"中身败名裂还有两年。

厌倦了府院之争的段祺瑞决定以代总统冯国璋取代黎元洪的总统之职。由于黎元洪是根据"旧约法"继任的总统,孙中山认为冯国璋接任没有经过程序,不合法,于是发表护法通电,下令"通缉乱国盗贼首逆段祺瑞"。护法军与北洋军之间展开激战,护法战争开始。

王士珍回忆说:冯国璋刚刚抵达北京,就在自己府中宴请段祺瑞和我,拉着我们的手说:"我们三人不要分什么总统、总理、总长,我们是一体的,一定能把事情做好!"[①]

但冯国璋最终没有走进段祺瑞为他设计好的政治轨道上,黎元洪的继任者,也继承了府院间的矛盾。他们都习惯于在约法这块蛋糕上为自己分出最大的一块,何况手下有兵的冯国璋,远比黎元洪这个政治玩偶更加强势。由于缺乏一个成熟的、具有可操作性的政治体制,在对抗帝制这个共同目标消失以后,他们再度成为彼此的敌人。民国这盘棋,已成不可收拾的残局。

如同段祺瑞与黎元洪的争执一样,段祺瑞与冯国璋这对亲兄热弟分道扬镳的原因,并不仅是权力之争,而是有着深刻的政治分歧:段祺瑞依然执着于武力统一中国,而冯国璋则继承了黎元洪的衣钵,主张和平统一,西南方面的实力派如陆荣廷等,也向冯国璋频频示好,南北和平统一在民国旗帜下的可能性大增,所以,尽管他们表露出的合作愿望不失真诚,但在府院这个政治泥

[①] 夏双刃:《乱世掌国:平议民国大总统》,北京:九州出版社,2006年版,第218页。

潭里，两个人鲜血凝成的战斗友谊不出半年就走到了尽头。当冯国璋终于意识到自己不过是段祺瑞的棋盘上一颗棋子的时候，内心升起了一股寒意。他决定出走。1918年元旦刚过，冯国璋就突然对段祺瑞说，他同意对南方军队进行武力征伐，又说，自己要亲自南下督军。当冯国璋踏上开往南京的火车时，段祺瑞才恍然大悟，命令倪嗣冲将这个即将脱网的大鱼捉回来。当年袁世凯派段祺瑞"护送"黎元洪的一幕重演了，冯国璋从此成为段祺瑞的政治玩偶，直到1919年病死。

段祺瑞提出的政府组成名单遭到南方军政府的强烈反对。他们不是捍卫黎元洪，而是捍卫"旧约法"，因为黎元洪是根据"旧约法"继任的合法总统，对于在南方革命党人来说，程序正义是不可动摇的信仰。没有经过任何选举程序，冯国璋如何能够取代黎元洪？

1917年8月25日，追随孙中山南下的120多名国会议员在广东举行了一场特殊的国会会议，因不够法定人数，因而称为"国会非常会议"。会议通过《中华民国军政府组织大纲》，规定军政府设大元帅一人，元帅二人，由非常国会依次选举；在《临时约法》的效力完全恢复以前，中华民国的行政权由大元帅行使。9月1日，孙中山当选大元帅，唐继尧和陆荣廷当选元帅。9月10日，孙中山宣誓就职，在张勋复辟中逃出北京的伍廷芳任外交总长，唐绍仪任财政总长，胡汉民为交通总长……。当晚，广州举行提灯会，参加者有万余人，写有"共和万岁，民权复振""南方之强,民国复苏""恭祝大元帅就职"等字样的灯笼遍布街头。

随即,孙中山发表护法通电,10月3日,孙中山下令"通缉乱国盗贼首逆段祺瑞"。3天后,护法军与北洋军之间展开激战,护法战争开始。

与南方革命党人的慷慨激昂比起来,黎元洪早已厌倦了政治,萌生了退出政坛、做一介平民的念头。7月14日,黎元洪发表寒电,表达了他不复任总统的决心。在另一封寒电中,黎元洪表示:"元洪本日移居东厂胡同。拟赴津门养疴。以后息影家园,不问政治。"①

实权在握的段祺瑞,依然执着于武力统一中国,当他派两个师发兵湖南,扬言两个月削平南方、一统天下时,冯国璋却继承了黎元洪的衣钵,开始呼唤和平。各地方势力也纷纷出面节制。

段一统江山的大业不仅没能完成,反而加剧了群雄失驭,结派系,植势力,昵所亲,于是便有了直皖奉三系、各地"诸侯",局面一变而为唐代藩镇模样。

三派之间不断挑起战事,你方唱罢我登场,曾经固若金汤的北京,此刻却变成了一座随时都会被征服的空城。城门闭,城门开,大帅走,大帅来。

各地军阀不断扩充自己的实力,甚至招募土匪,"遣之则兵

---

① 陶菊隐:《北洋军阀统治时期史话》第2册,海口:海南出版社,2006年版,第273页。

散为匪，招之则匪聚为兵"。张作霖的奉军，张宗昌的鲁军，赵倜的豫军，莫不如是。战事如同游戏，这边厢两军拉锯鏖战，那边厢两帅却在觥筹交错。

烽火连天，中原涂炭。民国这盘棋，已成不可收拾的残局。黎元洪和段祺瑞都曾屡次出山，黎元洪三任副总统，两任大总统；段祺瑞五任总理，一任执政，却都无力挽救国家的困局。他们渐渐从实力派滑落为边缘人物，空有名望，却无人信仰。

北洋军阀统治时期，各路军阀的掌权时期，刚好都是4年，其中，袁世凯为1912—1916年，皖系段祺瑞为1916—1920年，直系曹锟、吴佩孚为1920—1924年，奉系张作霖为1924—1928年。袁世凯身后三大军阀派系，是根据各自首领段祺瑞、冯国璋和张作霖分别是安徽合肥人、直隶河间人和奉天海城人而得名的。袁世凯死后，北洋的平衡被打破，继而以4年为单元轮流坐庄，中国政治进入空前动荡时期，波澜壮阔，险象环生。这至少说明了一点，在那个没有规则的年代，或者说，在那个把暴力当作唯一规则的年代，依靠暴力抢来的权力是不稳定的，因为自己可以抢，别人也可以抢，权力可能随时获得，也可能随时失去。那些企图通过破坏规则来获益的人，反而什么也得不到。

1924年，第二次直奉战争中，张作霖和冯玉祥拥戴段祺瑞出山，任中华民国临时执政，幕僚曾毓隽对此始终不乐观。一天，两人谈论局势，段说："云沛！你不应当对国家事采取如此消极态度。"曾说："并非消极。我认为老总在如此形势下急于上台,好比是一张三条腿的桌子,一攻便倒。"

段祺瑞刚好手中有个茶杯,就说:"这杯子固然是锔在一起的,我握在手里暂时可以不碎,若我放手便落地碎了。"

为使杯子不碎,段祺瑞想了不少办法。他尝试与国民党合作,可惜孙中山到京不久即病逝。之后他开始筹备国民代表会议,起草新的宪法,然而国民军和奉军之间的战事使这份宪法草案永远失去了审议的机会。

在"三一八惨案"发生以后,段祺瑞因为鲁迅的一篇檄文《记念刘和珍君》而恶名远扬,属于他的时代彻底谢幕。在那篇名为《记念刘和珍君》的文章中,鲁迅说:不在沉默中爆发,就在沉默中灭亡。

在前面《传奇四》中,我们从芮恩施的回忆中知道,段祺瑞把一切具体事情交给曹汝霖和徐树铮,但他从来不让为自己卖命的部下承担责任。然而,在后来著名的"三一八惨案"中,这样的"授权"让他背上了洗不清的罪名。那天,除了著名的刘和珍等人以外,还包括陈毅、林语堂、朱自清等北京师生的游行队伍到达段执政府大门时,段祺瑞照例还在吉兆胡同的宅邸里下围棋,他把"维持北京治安"的任务交给北京卫戍怀念李鸣钟后就不管了。当卫队旅少校王子江看到学生快要冲进执政府时,突然对附近的士兵说:"开枪吧!"枪响的声音,令段祺瑞心头一惊。他立即赶到现场,面对满地的尸体,他当场长跪不起,自言自语道:"一世清名,毁于一旦。"① 很多年后,当苏联档案解密,"三一八"的真相才大白于天下:整个事件,都是由苏联人操纵的,苏联人的阴谋,无论是运动的支持者李大钊、鲁迅,还是被鲁迅痛骂的段执政、章士钊,居然都毫不知情!②

鲁迅并没有写段祺瑞对开枪毫不知情,事后更在广场上长跪不起,也没有写段祺瑞从此誓言食素,即便晚年因营养不良导致体质下降也没有改变,"人可死,荤不可开"。

段祺瑞黯然下野,回到天津。在那里,他的老对手黎元洪已经隐居多年,至于两人在天津是否再有机会对弈,我们不得而知。

1928年5月25日,黎元洪在看赛马时突然昏倒,6月1日,让秘书起草遗嘱,告诫子女要从事实业,勿问政治。两天后,65岁的黎元洪在天津英租界的寓所里突发脑出血,病逝了。

第二天,就在张作霖乘坐专列即将抵达奉天北站的时候,日本人预埋的炸弹把他的肚子炸开了花。北洋时代,结束了。

黎元洪灵堂外,走来一个枯瘦的身影,依旧是一袭布衫,没有带兵。人们看清他的脸时,顿时愕然,这个老人,居然是段祺瑞。那一天,段祺瑞仍然没有开腔,"三鞠躬毕,喟然而叹,似有无限感慨者"。

---

① 《段祺瑞有没有下过开枪令?》,《北京晚报》2011年5月27日。
② [苏联]维·马·普里马科夫著,曾宪权译:《冯玉祥与国民军》,北京:中国社会科学出版社,1982年版第171—178页。

在天津,他们仍然是近邻,两人的居所依旧相距不到两公里。

两个互不原谅的老人,以这样的方式,见了最后一面。

此后,段祺瑞在津门彻底隐身了,连后来权倾中国、曾是他北伐中对手的蒋介石前来探望他从前的段老师,都在门外受到冷落。他每天清晨绕着院子里的大草坪散步,然后回到佛堂,面对释迦牟尼像虔诚地诵经。他对自己在民国历史上所扮演的角色,是落棋不悔,还是幡然悔悟?他没有说过只言片语,我们也无从得知。一切都是浮云,所谓的府院之争,此时在他眼里已不值一提。放下屠刀,立地成佛,已成他此际的最大愿望。除此,他还有一个世俗的愿望,那就是每天等待一个小孩前来与他下棋,那个小孩后来成为围棋大师,他的名字叫:吴清源。

◆ 中华民国参政院开院合影，前排左起第三个人是段祺瑞，左起第八个人是黎元洪 1914年6月12日

◆ 黎元洪 民国初年

◆ 年轻时的段祺瑞

◆ 站在武昌鄂军都督府前的黎元洪 1911年

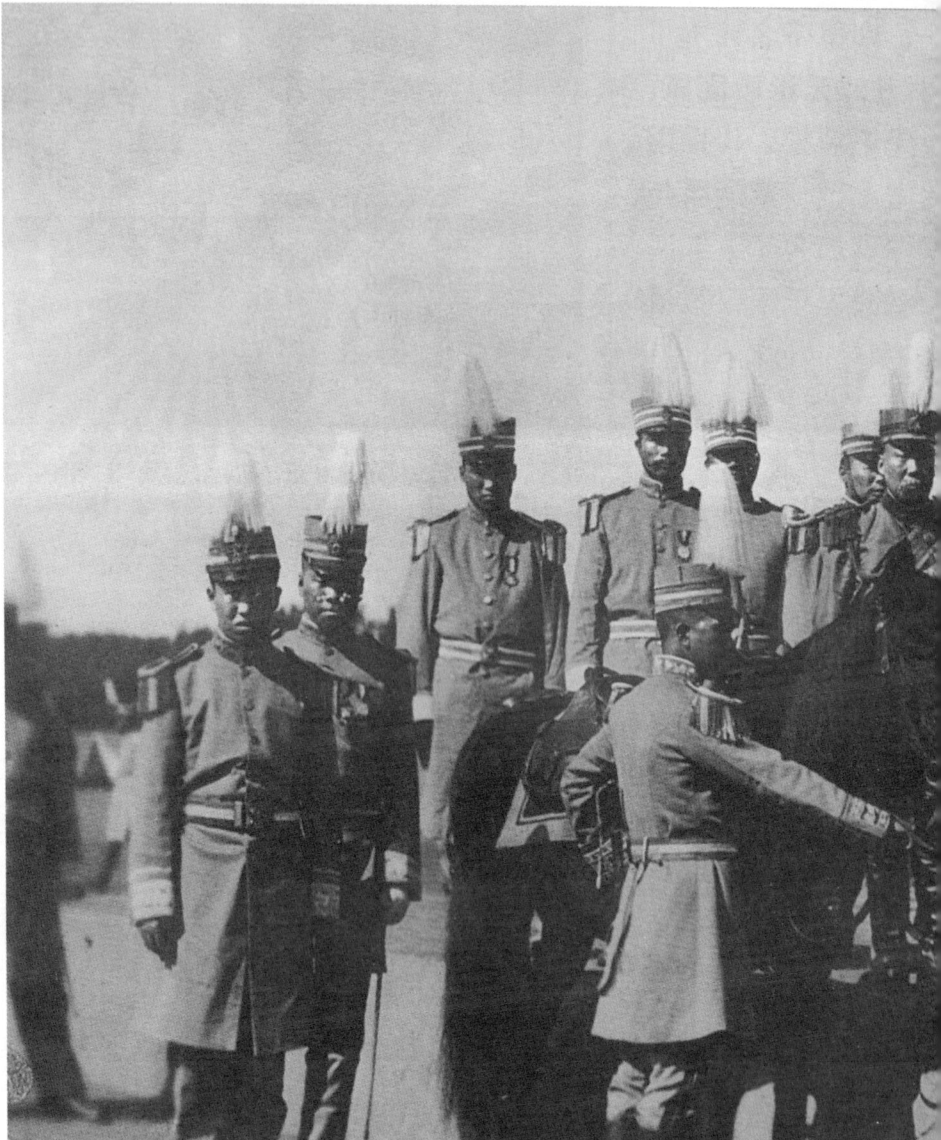

◆ 1916年,中华民国迎来5周年国庆,举行阅兵式。图为刚刚上任的中华民国大总统黎元洪(前排中)准备上马前往阅兵场。1915年10月10日

◆ 黎元洪看报纸　民国初年

◆ 黎元洪最后签署命令时的情景　民国初年

◆ 支持张勋复辟的康有为

◆ 张勋的部队东安门设置工事　1917年

◆ 张勋的部队控制前门东车站 1917年

◆ 段祺瑞的讨逆军　1917年

◆ 北京东华门大街上的讨逆军　1917年

◆ 安县百姓购买纸元宝 西德尼·甘博摄于 1917 年

◆ 到石佛场的路上 西德尼·甘博摄于 1917 年

◆ 去安县的路上租烟。上等的烟具配上上等的烟草供人们租吸 西德尼·甘博摄于1917年

◆ 石佛场的稻草市场 西德尼·甘博摄于1917年

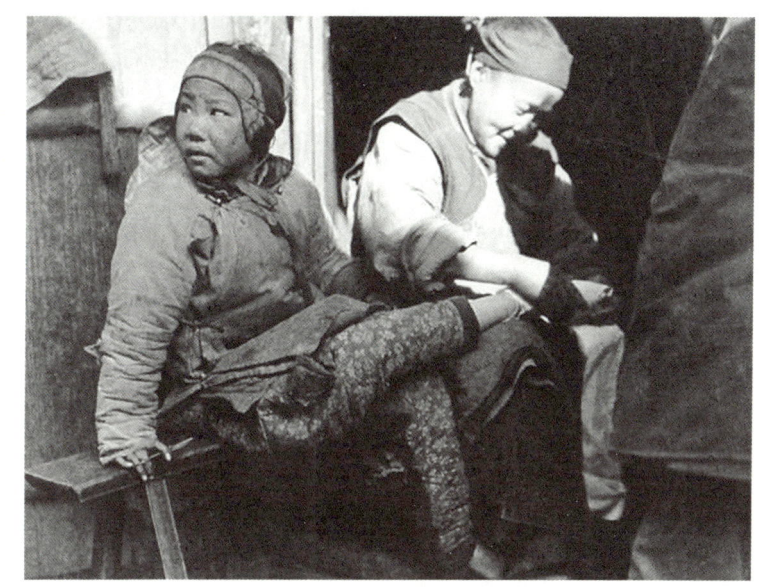

◆ 绍兴妇女裹脚　西德尼·甘博摄于1917年

◆ 车厢上的中国士兵　弗里曼摄于1924年

◆ 北京，冯玉祥的军队 弗里曼摄于1924年

◆ 老年的段祺瑞

传奇五 歧路

1917—1918

一

1917年8月，被称为"小徐"的徐树铮突然变得无比忙碌。在任命梁启超为财政总长之后不久，重掌内阁的段祺瑞又任命徐树铮为陆军部次长。徐树铮对段祺瑞说："民元以来，政府办事，国会捣乱，往往事情办不成，还闹得天翻地覆。因此，不如我们搞一个组织控制国会，就像编练子弟兵一样，可收指臂之功。"

这一"创意"立刻打动了段祺瑞。它再一次无可辩驳地证明了徐树铮作为心腹的价值。段祺瑞要他们尽快筹办，并答应从对日借款中拨出80万元作为筹备费。不久，徐又私自从奉军司令部提款150万元充作开办经费。

尽管段祺瑞跟梁启超、汤化龙主持的"研究系"合作，组成了临时参议会作为临时代议机构，然而，对于段祺瑞来说，根本的解决方式，还是选出一个听话的国会。一方面，在这个三权分立的结构中，段祺瑞从来没怕过总统，扫平张勋，"三造共和"之后，段祺瑞试图以责任内阁限制总统权力，这是他把总统职位送给冯国璋这位北洋兄弟，自己甘居总理的原因之一。总理大权在握，总统不过是块橡皮图章，黎元洪如此，冯国璋亦应如此。另一方面，他也不愿意做袁世凯的替身，不愿意继承袁的负资产。而国会就不同了，国会不是一个人，而是一群人，与那些不听话的脑袋与不安分的嘴巴打交道，从来都是一件头疼的事情，连袁世凯这样的政治强人都无可奈何，最终只能悍然解散国会，也把自己变成了众矢之的。段祺瑞不打算这么做，曾在德国留学的段祺瑞，比袁世凯更知道国会的价值，它的存在，是民国与帝国最重要的界限，它是民国的门面。

段祺瑞需要一个可以控制的国会，一如他需要一个可以控制的总统。但冯国璋不愿意做傀儡，国会想必更是如此。于是，这个历史性的任务，就落到徐树铮的身上。那一年，徐树铮37岁。

1901年，22岁的徐树铮在济南与段祺瑞初次相遇。当时，他去投奔袁世凯，袁时任山东巡抚，段祺瑞是他的武卫右军炮队统带兼随营武备学堂总办。袁让手下官员接待，他们却话不投机，徐树铮只好回到投宿的客店。正好时任山东武备学堂总办的段祺瑞路过此处，他后来回忆道：

> 至旅店拜客，过厅堂，见一少年正写楹联，字颇苍

劲有力。

时值隆冬，屋外寒气逼人。段见写字少年穿一件夹袍，气宇轩昂，丝毫没有一般读书人的寒酸相。观其书法苍劲有力，颇有灵气，心里就有了好感，邀请少年到房间谈话。段祺瑞说，你来我军营吧，徐树铮就跟随段祺瑞来到军营。段祺瑞给了他人生中的第一个职务——总办记室（秘书）。徐树铮当时或许并不知道，这是他一生的转折点。

在段祺瑞的提携下，徐树铮34岁时就当上了陆军部次长，是中华民国当时最年轻的副部级干部。袁世凯称帝时，徐树铮因力主段祺瑞抵制，遭袁世凯罢免。1916年，袁世凯死后，黎元洪继任总统，段祺瑞为国务院总理，徐树铮第二次担任陆军部次长，同时兼任国务院秘书长，但在府院之争中又被革职。1917年，他策动了张勋赶走黎元洪，没想到张勋借这个机会复辟帝制，他又策划了讨伐张勋的"讨逆军"行动，成功后，第三次担任陆军部次长职务。短短的3年中，徐树铮"三落三起"，几度变脸，唯独对段祺瑞，他肝脑涂地，至死不渝。

徐树铮酷爱昆曲，能自编曲谱，能上台演出，并曾与徐凌云、项馨吾、俞振飞等名角同台。1925年5月，他以专使身份访英，应邀在英国皇家学院演讲，题目是《中国古今音乐沿革》，让古典的英国绅士、淑女对中国军人刮目相看。此外，他还精于书法，擅诗词古文，从政后仍手不释卷，对桐城派大师姚鼐的

《古文辞类纂》尤为喜爱,总是随身携带。收复外蒙时,他在库伦写下的一首《念奴娇·笳》,词中写道:

> 夜月吹寒,
>
> 疏风破晓,
>
> 断梦休重觅。
>
> 雄鸡遥动,
>
> 此时天下将白。[①]

徐树铮这员武将,就这样在民国的政治舞台上唱起了文戏。他是如何把目光投向安福胡同的,我们不得而知,有一种说法是,民国的重要人物梁式堂住在这里,此处离段祺瑞住的府学胡同不远,便于及时沟通,所以他们选择了这条胡同,至于梁式堂与徐树铮的关系,已很难考证。总之,在这里,他迅速成立了一个俱乐部,名曰"安福俱乐部"。南海胤子在1920年由北京神州国光社出版,后由中华书局整理于2007年出版的《安福祸国记》一书中写道:"当时是一个寻常俱乐部,请宴召妓,皆用安福胡同梁宅名义,不用安福俱乐部名义。"[②]他们用吃喝嫖赌为政治交易保驾护航。南海胤子形容当时的场面时说:"安福胡同内,车

[①] 徐明:《徐树铮的背影》,《领导文萃》2008年第11期。
[②] 南海胤子:《安福祸国记》,北京:中华书局,2007年版,第19页。

如流水马如龙，人如蚁赴，门如市。"[1]安福俱乐部的成员中，不乏国民党和进步党的老党员，许多人还是第一届国会的议员，无须问路，凭借嗅觉，他们就能准确地找到安福俱乐部的地址，这些人，每月都会从徐树铮那里领取300元的津贴。那些曾经慷慨激昂、志存高远的党人，一朝迈进这个俱乐部，就无不成为五毒俱全的赃官，金钱享乐的效用，让人不觉心惊。民初政治的污泥浊水，很多年后仍然洗刷不去。小徐说："只要给钱给好处，白玩白嫖，任何人都会变得听话。"[2]

百年后，这条属于民国的胡同依然存在着，它东西走向，就在长安街的南面，以老旧却结实的墙，庇护着内部的居民。走进去，可以看见匆匆上学的学生、提着菜篮子的妇人、看报纸的老人，它像一个生命，虽然老去，却仍在平静地呼吸，新陈代谢。走出胡同口，我们会发现时代已大大地进步了——在它的东侧，是国家大剧院傲然崛起的外壳，在一群古朴的建筑中，以巨大的体量和复杂的结构，缔造着新时代的建筑神话，从它的西口出来，可见西长安街南侧的国家电力大厦和首都时代广场大厦，距离繁华的西单十字街头，只有咫尺之遥。百年前的段祺瑞，做梦也不会想到这神奇的改变。中华人民共和国以全新的建筑空间，完成了对旧有空间的置换，东安福胡同与长安街之间，是一片工

---

[1] 南海胤子：《安福祸国记》，北京：中华书局，2007年版，第20页。
[2] 张鸣：《北洋裂变：军阀与五四》，桂林：广西师范大学出版社，2010年版，第57页。

地，偶然路过的人们，不知道拆了什么，又将建起什么，对于任何变化，他们都习以为常了；在西安福胡同与长安街之间，只隔着一道简单的花墙，勉强遮盖着这条胡同最后的记忆。

从胡同走过，一抬头，就可以看见中南海新华门。新华门，是由清代建筑宝月楼改建的。袁世凯当上大总统以后，中华民国政府接管了清室的西苑三海，并将中海和南海作为总统府，从那时起，中海和南海被合称为"中南海"。根据中国传统的建筑观念，总统府要面南背北，于是，袁世凯将位于中南海南墙内仅几米处的宝月楼下层当中三间打通，改建为总统府大门——新华门。中华民国政府还将新华门前的一段西长安街命名为"府前街"，将中南海西侧新开辟的道路命名为"府右街"。所谓的"府"，皆指总统府。此后，又将六部口以南的排水沟上改建的道路命名为"新华街"，还在新华门对面的"府前街"南侧砌筑了一道西洋式花墙以遮挡背后杂乱破旧的老房，改善总统府前的观瞻。开通新华街时，安福胡同被分为东、西两段，北新华街以东叫东安福胡同，以西就叫西安福胡同。

幽深神秘的安福胡同，几乎处于这座城市的中轴线和核心地带，距离这座城市的权力中心只有咫尺之遥。那时的总统府和安福胡同，重叠着政治与情欲的双重痕迹，这本身就具有极强的隐喻性，也为我们窥探历史提供了一个绝佳的角度。这种奇妙的地理组合，似乎直言不讳地表明了政治与情欲之间天然的纽带关系，是对权力政治的空间意识形态的绝妙表达。本来，政治与情欲，都是欲望的产物，都与肉体的某些冲动密切相连。从本质上说，它们是一致的，任何一种成功的政治，都是一次成功的偷欢。这验证了那句著名的格言："政治好比女人的下体，是个既迷人又易使人堕落的处所。"政治不仅需要雄性的角斗，也需要雌性的温床。在这里，民国政治的各种潜规则以无声无息的方式得以贯彻。花街柳巷的功能，在民国初年没有丝毫的改变。议员对它趋之若鹜，似乎比国会开会更加积极，革命党用流血换来的议会制度，为国会议员换来了通往温柔之乡的门票。

二

在北京城的另一角落，东直门南小街，梁启超也曾拥有一座属于自己的大四合院。与安福胡同的"梁宅"相比，这座"梁宅"自然要安静得多。我没有查到梁启超购买这座宅院的准确时间，但梁启超在民国政府内两任总长期间住在这座院子里，应是无误的。这条胡同自北向南沟通大菊胡同和东四十四条，长三百多米，明代称"学房胡同"，清乾隆时称"官学胡同"，宣统时因胡同临近水沟而得名"北沟沿"。这座四合院位于胡同南段西侧，23号，旧时的门牌是北沟沿13号，街门朝东。街门是被称作"西洋门"的屋宇式街门，街门内外各有一座"一字影壁"，透露出主人的身份。影壁往里，是垂花门及正房、花厅等建筑。院内各屋均由走廊相连，西部是花园，有土山、花厅和山石。

四合院的主要建筑，包括梁启超的书房在内，已成单位职工宿舍，尽管已被宣布为北京市东城区文物保护单位，但各种自建房屋在庭院里蓬勃发展，将这座典雅有序的院落变成一座曲折幽晦的迷宫，它被分割成无比狭小的空间，成为邻里们争执的战场，当居民棋逢对手，相持不下时，便一纸诉状，递到法官手里。2012年3月5日的《北京晚报》报道了发生在梁启超故居内的邻里诉讼案，这场官司以原告的微小胜利而告终，法院判决，被告须将院内14号房前小厨房建筑物东、南侧分别拆除22厘米、30厘米，并清理杂土，清除内6号房后挑檐范围外的杂物及内14号房南侧杂物池、杂物[①]。耐人寻味的是，这一天，刚好是学雷锋纪念日。

　　在戊戌年的秋风落叶中，梁启超仓皇离开北京。即使在海风吹拂的日本，他逃亡时的惊险，仍在他的脑海里时常闪回，让他感到痛苦和伤感。戊戌年，在京城一片搜查的马蹄声中，他匆匆忙忙地逃到日本使馆，在那里，与决心一死的谭嗣同见了最后一面，当谭嗣同的头颅在菜市口被一刀刹下来的时候，梁启超已经在日本驻天津领事郑永昌的陪同下，瞒过严守城门的帝国军警的眼睛，逃出北京城。郑永昌在与日本外务次官鸠山和夫的密信中，回忆了当时惊心动魄的一幕。他说，他们是在政变后的第六天，9月25日，换上猎装，登上一艘中国船，准备离开大清帝国的。黑夜的海面，反射着锡箔似的光，此外，什么都看不见

---

① 参见《梁启超故居杂乱 居民起争端》，《北京晚报》2012年3月5日。

了。世界仿佛消失了，只有他们粗重的喘息声。接着，有马达的声音隐隐地传来，由远及近。他们后来知道，那是一艘名叫"快马号"的大清的小蒸汽快船。凌晨2点，它追了上来，他们的表情变得严峻起来，敛容屏息，没有人说话，心却越跳越快，与越来越近的机船声相呼应。即使在黑夜中，他们也能看到"快马号"上大清军警刺刀的金属闪光。军警们叫喊着，说是怀疑康有为在船上，要求上船搜查。郑永昌拒绝了，军警就用绳索将郑永昌、梁启超等人乘坐的中国船缠上，向天津方向强行拖去。梁启超几乎已经成为大清军警的阶下囚了，尽管军警们并不知道梁启超就在船上。过了很久，天亮了。晨雾飘散的时候，一艘巨大的日本军舰露了出来，那是停泊在塘沽的日本军舰"大岛号"。郑永昌看见了自己的救星，拼命地向"大岛号"挥动他手里的帽子，终于，"大岛号"上的水手看见了他，舰载快艇被从船舷上放下来，迅速向他们驶来。"快马号"的大清士兵看见了，不敢上前，知趣地离开了。梁启超就这样，逃出了军警的手心。

袁世凯很快意识到，登上日本军舰的是梁启超，而不是康有为，他在给总理衙门的电文里写道："再三侦访，有谓并非康犯，疑系梁启超，已剃发改装，无从辨认。"[1]

梁启超坐上日本人的军舰，孑然一身，什么都没有带，舰长送给他一本书，名叫《佳人之奇遇》，供他排解寂寞。在船上，他慢慢把它翻译过来，后来登在《清议报》上。

---

[1] 转引自李鸿谷《戊戌变法 百日跌宕》，《三联生活周刊》2011年第22期。

船到横滨之前,他还写下一首《去国行》,表达他逃亡的痛苦与茫然:

> ……
> 潇潇风雨满天地,
> 飘然一身如转蓬,
> 披发长啸览太空。
> 前路蓬山一万重,
> 掉头不顾吾其东。①

那一年,梁启超25岁;再次回到北京,他将至不惑之年。

他在1912年的9月启程,几乎是循着逃走时的路径返回中国的——逃走时,他从北京到天津,再到日本(横滨),这一次,他从神户启程,先到天津,再赴北京。同样的秋天,眼中的景物甚至都没有变化,只是此时的心境,早已不复当年的凄苦。大清的通缉令,在革命中消失了,他在给女儿梁令娴的信中,掩饰不住自己的快乐:

> 在京十二日,可谓极人生之至快……此十二日间,
> 吾一身实为北京之中心,各人皆环绕吾旁,如众星拱北辰,

---

① 《梁启超全集》第九册,北京:北京出版社,1999年版,第5415页。

其尤为快意者，即旧日之立宪党也。①

他在北京的住宅，自早到晚宾客不断，每天早晨七点，访客就已经麇集在他的客厅，他只好被从被窝中强拉起来，循例应酬，转瞬又不记得访者的名姓，直到凌晨2点钟，客人才缓慢地散去。但梁启超不怕说，就怕不说，从前那个令他封嘴的帝国消失了，在这块土地上，已经没有人能够阻挡他的言论。他在给女儿梁令娴的信中说：

> 吾在京旬日，无一日不演说，吾素不善演说，然在中国内，人人几以为闻所未闻，咸推我为雄辩家，中国人程度亦太可怜矣。②
>
> 吾演说最长者，为民主党席上，凡历三时，其他亦一二时，每日谈话总在一万句以上，然以此之故，肺气大张，体乃愈健。③

他经常将自己与上一年归来的孙中山、黄兴暗中比较，他的信，不止一次地重复了这样的比较：

---

① 丁文江、赵丰田编：《梁启超年谱长编》，上海：上海人民出版社，2009年版，第427页。
② 丁文江、赵丰田编：《梁启超年谱长编》，上海：上海人民出版社，2009年版，第426页。
③ 丁文江、赵丰田编：《梁启超年谱长编》，上海：上海人民出版社，2009年版，第427页。

日来所受欢迎，视孙、黄过数倍，（彼等所爱欢迎会不过五六处，吾到后已十余处相迎矣……）……①

此次欢迎，视孙、黄来京时过之十倍，各界欢迎皆出于心悦诚服，夏穗卿文引《左传》言，谓国人望君如望慈父母焉。盖实情也。孙、黄来时，每演说皆被人嘲笑，（此来最合时，孙、黄到后，极惹人厌，吾乃一扫其秽气。）吾则每演说令人感动，其欢迎会之多，亦远非孙、黄所及。②

他在乎别人的态度，暴露了他内心不易被人察觉的一面——在这个革命后的国度里，他怕别人瞧不起他，对革命党人耿耿于怀。正是心中的这份芥蒂，推崇两党政治的梁启超，对国民党也不能宽容相待。

无论怎样，初返北京，是他政治生涯中辉煌的岁月。他也动了在北京住下来的心思，他对女儿说："吾极喜欢北京房子。"他需要自己的舞台，司法部后来成为他的政治舞台，而"北沟沿"的住所，是他思想和生活的舞台。

---

① 丁文江、赵丰田编：《梁启超年谱长编》，上海：上海人民出版社，2009年版，第425页。
② 丁文江、赵丰田编：《梁启超年谱长编》，上海：上海人民出版社，2009年版，第426页。

梁启超在北京住下来，表明了他结束自己漂泊生涯的决心，和他对故国政治的信心。在他身后，无数个书箱尾随而至。书是他的契约，书证明他不会跑，因为在北京有了自己的书房，他绝不会丢下卷帙浩繁的书自己跑掉。书是他的爱人，书在哪里，家就在哪里。

20 世纪的前 20 年，许多文化名人纷纷离开故乡，来到北京，这当然与北京的首都地位有关，这座城里不仅云集了大量的官员政客，也囊括了不可计数的文化精英，其中除了我们熟悉的新文化运动的领军人物——陈独秀、胡适等，也包括画家齐白石、京剧名伶梅兰芳等，他们的故迹至今可寻。连 20 世纪 20 年代应梁启超之约来华演讲的印度诗哲泰戈尔，都深深地爱上了这座城市，他在演讲中把世界所谓大都市指责为"巨大的丑怪"，然后说："你们的北京没有那样凄惨的现象，这个城子是人类集合的一个极美的表现，在此地平常的店铺都有他们简单的装潢。"[①]这段岁月，不仅是北京的房产经济的活跃时代，也是城市文化史上最生动的一笔。梁启超的儿子梁思成对于这座古都的热爱，不知是否从南长街这座四合院开始的。

梁启超曾对友人说："我的学问兴味政治兴味都甚浓；两样比较，学问兴味更为浓些。我常常梦想能够在稍为清明点子的政治之下，容我专作学者生涯。但又常常感觉：我若不管政治，便是我逃避责任。"

---

① 《此时彼时》，《北京晚报》2011 年 6 月 10 日。

三

1913年5月29日，共和党、民主党和统一党合并为进步党。本来，进步党是准备推袁世凯为党首的，但袁世凯为了避免与国民党的博弈表面化，没有接受，但为了与国民党抗衡，同意给进步党20万元的拨款，梁启超当即表示，要50万元。

1914年年初，袁世凯把国民党和刚满周岁的第一届国会一股脑地解散了，以革命派为班底的国民党一下子成了在野党，把政治真空留给了以立宪派为班底的进步党。8月下旬，北京的进步党人成立了"宪法案研究会"，还有一部分进步党人则组成了"宪法研究同志会"，两会虽然名称有别，宗旨却无异，都把精研宪法、推进宪政当作自己的政治目标。9月12日，进步党将两会合并为一会，即"宪法研究会"，集合了参、众两院的进步党议员160余人，这些曾经热衷于立宪运动的士绅阶层，本是有理想的一群，他们有一个"引导论"，即"引导"掌握政治实权的人走宪政之路。他们曾经将"引导"的对象指向袁世凯，现在，袁世凯有了新的替身——段祺瑞。

袁世凯死了，孙中山跑了，中国的政治舞台，留给了以段祺瑞为首的武人集团，和以梁启超为首的文人集团。这时的梁启超，决心"争取"段祺瑞，就像他当年试图"争取"袁世凯一样坚决，这是因为文人精英的力量太微弱了，他们需要时时看枪的脸色行事，他或许不会想到，以陈独秀、胡适、蔡元培、李大钊为代表的知识精英就是在这时走上历史舞台，开始用思想与钢铁的枪管博弈的。

梁启超的老朋友周善培不解，找到梁启超说："我同老段（段祺瑞）有些交情，这个人自己是没有脑筋的，左右又是一班垄断权力、不愿意别人分享的人。我避之尚且不及，你这样一个与他毫无交情，又不免分取他一份权力的人，怎会去同他共事呢？"

梁启超说："老段反对洪宪称帝，我们不该佩服他吗？"

的确，完成"三造共和"的大业之后，段祺瑞在梁启超心目中的地位陡然高大了许多，以至于他用这样的话称赞段祺瑞："其个人短固所不免，然不顾一身利害，为国家勇于负责，举国中恐无人与比。"在所有的幻想一一破灭之后，与段祺瑞合作，成为梁启超心中唯一的选择。护国战争结束后，梁启超为恢复战前的统一竭尽心力。但他心里，还是把北洋当作中央的象征。从实力上讲，北洋军阀的力量胜过南方的护国力量；从历史渊源上讲，进步党人则与北方政府关系更深。因此，梁启超所求的统一，当然是在段祺瑞麾下的统一。此前，梁启超与孙中山合作过，也对立过；他拥护过袁世凯，也反对过袁世凯。此时，护国战争的硝烟还没有散尽，曾在这场战争中与北洋军阀分道扬镳的梁启超，便与他们站到了一个战壕里。敌友关系的瞬息万变，唯有这段时期，表现得最为彻底。有人攻击他"善变"，对此，梁启超说："这决不是什么意气之争，或争权夺利的问题，而是我的中心思想和一贯主张决定的。我的中心思想是什么呢？就是爱国。我的一贯主张是什么呢？就是救国""知我罪我，让天下后世评说，我梁启超就是这样一个人而已"。

段祺瑞也对梁启超敬重有加，尽管梁启超与段祺瑞在民国二年共同成为熊希龄内阁的成员，分别担任司法总长和陆军总长，但两人真正携手，是从1917年打败张勋后段祺瑞组阁开始的。段祺瑞新内阁中，梁启超领导的进步党在9席中占了5席，即财政总长梁启超、内务总长汤化龙、外交总长汪大燮、司法总长林长民、教育总长范源濂，可谓大权在握，前途一片光明，段内阁成为名副其实的"进步党内阁"。

1913年，梁启超在熊希龄内阁时，就想做财政总长，被袁世凯阻止了。此时，在段内阁，梁启超主持财政部，复辟政变刚刚平定，又逢对德宣战，国内纷争不息，军事支出不断增加，财政问题很是棘手。几年前立下的誓言"中国前途非我归而执政，莫能振救"，似乎真的到了兑现的关头。

几乎与梁启超入阁的同时，胡适在日记里写下这样的话："人问今日国事大势如何。答曰：很有希望。因此次革命的中坚人物，不在激烈派，而在稳健派，即从前的守旧派。这情形大似美国初年的情形。……"[1]

周善培对梁启超说："我也因为佩服老段这一点，所以继续

---

[1] 转引自傅国涌《主角与配角——近代中国大转型的台前幕后》，武汉：长江文艺出版社，2005年版，第273页。

做朋友。"

梁启超疑惑不解,问道:"为什么做得朋友又不能共事呢?"

周善培说:"当然是两回事。做朋友谁也不侵占别人权力,一共事,权力问题就来了。你连这种极浅显的政治利害都分析不明白,还谈什么政治呢?你既然认定他能共事,我不敢妨害你的自由。我只看你最后长叹一声下台就是了。"

梁启超没有听从周善培的劝告。

书生的心,不容易死透。

知识分子究竟是应该成为一个知识的存在,还是一个道德的存在?是苦苦维护学术的独立与尊严,"为往圣继绝学",还是实现治国平天下的政治抱负,去"为万世开太平"?这是始终纠缠中国现代知识分子的两难,连梁启超这样伟大的人物,也不可能摆脱这种纠缠。他在书信和日记中,记录下他在两难之间选择的艰难。到了20世纪末,这一问题仍然困扰着中国知识分子。北大学者陈平原说:"那种以'社会的良心''大众的代言人'自居的读书人,我以为近乎自作多情。带着这种信念谈政治,老期待着登高一呼应者景从的社会效果,最终只能被群众情绪所裹挟。"[①] 孙郁则反驳说:"学人要'纯粹'起来,确实太难,读陈平原谈治学之道的文字,多的是与学界之外的因素的抗争之气,真

---

① 陈平原:《学者的人间情怀》,《读书》1993年第5期。

正的静观,谈得容易!"① 没有答案,每个人又都有自己的答案。

梁启超希望自己像俄国财政大臣维特那样,以西方的体制点石成金,通过改革让国家起死回生。梁启超为民国财政开出的药方是,利用北洋政府对德宣战因而缓付的庚子赔款和币制借款来彻底改革币制,整理金融。他的第一步是统一硬币,第二步是统一纸币,从银本位引入虚金本位,具体做法是购买金镑,裨益国库,然后再发行公债,别辟利源。

时任财政部司长的贾士毅说:梁启超的见解虽高,效果却只是维持现状,民国的国库仍然囊空如洗。张勋乱后,军费及善后费,急于星火,无法应付。各省已成割据一方之势,尾大不掉,中央命令,不出京城,国税难以收取,中央专款,也被悉数截留。梁启超仰屋兴叹,巧妇难为无米之炊。

胡适一生都在学术与政治两条道路之间踌躇徘徊,守株待兔了一辈子,他期待的"好人政府",他到死也没看到。即使自己赤膊上阵,参选总统,也只能铩羽而归。现代人唱:"伤心总是难免的,你又何苦一往情深……"道出的正是此种心境。

梁启超对于整顿金融和重建国会的理想只维持了几个月,就彻底垮了。与他的政治热情比起来,他的政治空间过于狭窄。他上任未久,就收到讨逆军总司令部送来的一份账单,要求财政部支付讨逆军费 185 万元。在讨伐张勋过程中,段祺瑞动用军队不

---

① 孙郁:《为学术而学术?》,载王小波等著,祝勇编《知识分子应该干什么:一部关乎命运的争鸣录》,北京:时事出版社,1999年版,第425页。

过2个师和1个混成旅，共2万多人，战事也只进行了四五天，军费竟如此庞大，更可笑的是，所谓讨逆军总司令部不过区区几人，竟然报账185万元。这笔资金落入军阀首要的腰包是确定无疑的。只是梁启超不会想到，从他手底下流走的银圆，有些竟然成为安福俱乐部用来对付研究系的资本。此后，一系列的"军费"开支账单如雪片般飞向财政部，包括：陆军部特别经费，外交军事用款，川、湘用款，江西督军临时军费，湖南督军费，督军临时军费，海军特别军费……不拘一格，令梁启超应接不暇。梁启超估计，到1918年6月，经常费用不敷已达5000余万元，再把已经垫付的各种临时军费加上，总赤字将达6000余万元。梁启超煞费苦心编制的财政预算全面崩溃。

这个秋天，梁启超每天都到财政部，只是办公时间不多，坐一会儿就走了。梁启超给国外的朋友写信说："国内种种紊乱腐败情形，笔难能罄，吾在此日与妖魔周旋，此何可耐。"

时任财政部官员惠隐回忆说：任公本大权在握，可施展其抱负。不料到任多时，一筹莫展。任公本是一介书生，与金融家格格不相入。财政部权力所及，竟只有一家中国银行。孰知该行金库，也空空如也，自救不暇。与其他交通银行及各野鸡银行，一向缺乏感情，不免碰壁，妙手空空。每天坐此针毡，不是任公所能忍受的，不到半年的光景，任公就废然求退，很快就辞职了。任公当财长，任内未能兴一利，革一弊。

研究系天真地以为自己初步掌握了政权，而事实上此后的国务会议上,身为总理的段祺瑞只是唯唯诺诺,不置可否,等回到府邸后才与徐树铮商议国事,通电各省。正像徐树铮私下对段祺瑞说的那样,"梁、汤辈只能利其虚声,点缀北洋门面,实在事,还要我们自家有办法"。徐树铮曾说过一句重话:"我辈冲锋陷阵,始奏肤功,结果乃为几个文人造机会,恐必有愤慨不平者。"

梁启超与汤化龙也逐渐明白,"北洋派把我们当文案老夫子,不是国务员"。1917年11月15日,梁启超上书请辞,他在辞职书上写道:

窃启超一介书生,二十年党锢,功虽迂于腐国,志实切于挽时。属际艰虞,重承鞭策,使膺计部,重备阁僚,奉职以来,精诚殚耗,乃竭拘墟之见,未穷应物之方,时变环乘,赞襄无状。……①

这一天,梁启超头痛欲裂,他在给张仲仁的信中写道:"或是用脑太过,刺激太甚所致。"几天后,梁启超收拾好东西,返回自己的书房。

曾琦在给梁启超的信中说:"段祺瑞大约也是出于正义,慨然与公共商国事,然而他和身边的人相处既久,不知其奸,听你的公道话,终不如听那些人的话亲切,你们一时可以暂合而共

---

① 丁文江、赵丰田编:《梁启超年谱长编》,上海:上海人民出版社,2009年版,第426页。

谋，很难久处而无间。所以你终不能借此把国家带入坦途。"

四

梁启超没有从政坛上完全隐身，他手里还捏着一张王牌：研究系。

然而，梁启超并不知道，金钱可以把一切变成商品，包括忠诚、理想、信念，当然也包括国会的选票。而徐树铮，则是一掷千金的买主。

徐树铮信誓旦旦地说："自民元以来，政府为国会操纵，闹得天翻地覆，曷若自个组织，简直和编练军队一样，我有子弟兵，则操纵在我。"[1]

似乎一切尽在徐树铮掌握之中。因为他有段祺瑞的支持，可以动用政府公帑，段祺瑞个人生活俭朴，但在这方面却出手大方。在这次大选中，段内阁毫不含糊，共支出了1000万元的选举经费进行贿选。

他甚至把他草拟的国会名单直接发给各省督军——在袁世凯时代，地方上的军政、民政还是分开的，袁世凯死后，北洋军人索性把持了一切，"谁能当选议员，但视地方之行政长官及军事将领之好恶而决定"[2]，这样，我们就能理解，徐树铮在7月17日

---

[1] 张国淦：《中华民国内阁篇》，载杜春和等编《北洋军阀史料选辑》上，北京：中国社会科学出版社，1981年版，第221页。

[2] 张朋园：《梁启超与民国政治》，长春：吉林出版集团有限责任公司，2007年版，第33页。

致湖北武昌参谋长何佩璿电文,为什么会如此露骨地讲明:

> 顷闻研究系拟加入数人,该党野心不死,万不可引虎入室,致坏全局。祈严加注意,勿为所惑为要。①

1918年7月,上海《申报》有一则报道说,湖北省选出的安福系参议员,"大多数为研究系改嫁者"。江苏省原为研究系地盘,但该系当选的议员多为安福系所收买。

在段祺瑞的亲切关怀、在徐树铮的直接领导下,中华民国第二届国会选举,成为宪政史上最烂的一届选举,甚至与清末地方谘议局(即省级议会)的选举相比,都相差十万八千里。关于清末地方谘议局选举,本书第一章已经写过,无须多说了。中华民国第二届国会选举,依旧采取复选制,即选区选出额定的初选当选人,再由这些当选人互相投票选出议员。这是一次商业化的选举,在商业原则下,任何违反宪法准则的行为都可能发生,比如,在江苏省,宁垣②参议院选举时,城内符合选举章程要求的选民人数为1400余人,四乡为1300余人,共2700余人。选举前,四乡的头领,挑选出张大衡等46个人,每人冒充10人,进城投票;对于四乡的这种做法,南京城里的士绅们针锋相对,干

---

① 中国科学院近代史研究所近代史资料编辑组编:《徐树铮电稿》,北京:中华书局,1963年版,第277页。
② 属于今江苏省南京市。

脆把秦淮旅馆、第一春、长松东号等旅馆、菜馆包下来,专供代人投票者吃喝;在江宁县,出现了投票人哄抢投票纸的状况;在江北阜宁县,一人填数十票、上百票,也不是新鲜事,一个名叫顾培芝的投票管理员试图阻挡,却受到严厉的恐吓,在惊恐万状之际,居然上吊自杀了。[①] 这一命案,在当时并没有引起太多的关注,因为像这样的死亡事件,在当时太多了,它们不过是民国"民主"的插曲而已。

最终选举结果揭晓,在两院总共472个议席中,安福系得到335席,占71%,研究系仅得21席,不足5%。这届以安福系为主的国会,干脆被人称为"安福国会"。"安福国会",是中华民国的第二届国会。

即使是花钱买来的国会,也需要一个体面的开张仪式。8月12日,北京宣武门大街到象坊桥一带,军警林立,沿路的民宅,都遵照警察厅的命令,挂上了国旗,象坊桥国会大楼的门前,彩牌满目。上午9时15分,会堂铃声响起,开会了。这一天,参会的参议员106人,众议员358人,超过两院议员之半数。会议由参议员李兆珍任临时主席。冯国璋和段祺瑞相继致祝词,新国会宣告正式成立。同日,临时参议院改选国会的政治使命业已完成,宣告解散。

20日,众议院开会选举议长,安福系王揖唐以262票当选。副议长安福系原本已内定为王印川,但刘恩格不服。张作霖坚

[①] 南海胤子:《安福祸国记》,北京:中华书局,2007年版,第30—31页。

传奇五 歧路　173

持,必须由刘恩格担任副议长,他斩钉截铁地说:"国会用我奉军军费两百余万,而这些事竟要与我较量,我定有相当办法。"安福系慌了,只好紧急运作,王揖唐在安福胡同大办宴席,宴请议员200余人,希望能在觥筹交错之间划定政治版图。经过一系列烦琐的讨价还价,22日,众议院开会补选副议长时,刘恩格如愿,以176票当选,王印川被选为秘书长。22日,参议院开会选举议长,梁士诒当选议长,朱启钤当选为副议长。

中华民国第二届国会成立了,但各种荒唐行为并没有终止,转眼之间,众议院的办公人数猛增到500人。第一届国会,参、众两院秘书厅的办公人数总共只有100人左右,已经人浮于事,此时仅众议院的办公人数就多达500人,文书、议事、速记、会计、庶务五科,每科人数都多达四五十人,以至于每间办公室内,都拥挤着数十人,连立足之地都没有,有时为了争抢座位,竟动起手来,喧闹之声,传遍整座大楼。徽章也不够发,办公人员与门口警卫多次发生冲突。王印川秘书长想出一个高招,就是在他们的名片上,盖一款小印,作临时证件使用,至于办公场所不足,就只能要求各位科员在家"办公",不必前来画到,而薪水一文不少,这样的美差,自然受到拥护。

得到美差的500名公务员,大多是王揖唐的同乡故旧,比如,会计科姓郑的科长、庶务科姓赵的科长都是王揖唐的外甥,科长以下,秘书、科员、书记都是合肥人,甚至大厨、茶房、收发室老大爷都是王揖唐的关系户,一时之间,国会大楼里,到处洋溢着安徽土话。国家的各种议案、文件，飘浮在浓郁的安徽口音上，从一个安徽人手里，送到另一个安徽人手里。

这种状况一直持续到蒋介石时代，而且有蔓延之势，以至于力挺蒋介石的蒋廷黻都忍不住抱怨："中央政府的各部，无论在北京时代，或在现在的南京，部长是哪一省的人，部中的职员就以他同省的人居多，甚至于一部成为一省的会馆。"①

不到一个月前，孙中山接受了革命军政府的总裁职务，19日，南方非常国会决议否认北京政府之权力。

尽管研究系在选举前已经尽力筹款，但政治运作能力在不择手段的武人面前实在不堪一击。《时报》评论说："天下事最令人不堪者作茧自缚，授敌以柄，哑子吃黄连，有苦说不出。"

我们无法知道1918年的8月，当梁启超看到公布的选举结果的时候的心情——他是会哭，还是会笑？只能从他的书信里查到，8、9月间，他生了一次病，医生诊断为肋膜炎，微带肺炎，咳痰带血，虽服了很长时间的药，但病情没有好转，只是不再加剧而已，他的面色一天比一天憔悴下去。

不知此时，梁启超对于两党政治的信仰是否有所动摇。本来，在他看来，一党在朝，一党在野，是最理想的政治制度，在朝者组织内阁，在野者担任监督，可将政党政治的作用发挥到最大。"安福国会"成立这一天，进步党彻底沦为小党，为民国宪

---

① 蒋廷黻：《论专制并答胡适之先生》，转引自智效民编《民主还是独裁——70年前一场关于现代化的论争》，广州：广东人民出版社，2010年版，第28页。

政画出了一整套路线图的梁启超,终于无力回天了。

  此时,那些持有明确的宪政信仰的进步党人,会如何看待他们理想的主义与不理想的现实?而辛亥革命前用自己的生命祭献了"民族主义、民权主义、民生主义"的三民主义理想的牺牲者们,如果他们知道自己的死亡换来的是这样一个不堪入目的政权,他们又会做何感想?死时,30岁的陈天华、20岁的邹容、27岁的吴樾、24岁的林觉民、25岁的喻培伦、25岁的方声洞、32岁的秋瑾、31岁的吴禄贞……,他们以死亡,承担了他们对于国家的责任,而在这个国家,又有谁为他们的死负责?他们流血而死,而更多的人,则把人血馒头视为自己的最佳营养品,他们试图以死来唤醒民众、根除腐败的制度,他们死了,而制度依旧腐败,人民依旧麻木,从这个意义上说,他们牺牲的价值,颇可怀疑,但长久以来,人们不敢,或者不忍这么说,只有鲁迅够狠,敢于说出这样事实,他不仅写了秋瑾的死,更写了吕纬甫的彷徨。吕纬甫说:"我在少年时,看见蜂子或蝇子停在一个地方,给什么来一吓,即刻飞去了,但是飞了一个小圈子,便又回来停在原地点,便以为这实在很可笑,也可怜。可不料现在我自己也飞回来了,不过绕了一点小圈子。又不料你也回来了。你不能飞得更远些么?"① 这说的并不仅是酒楼上的对谈者,是民国——一个飞起来,又跌落的国家。对于那些牺牲者来说,寂寥

---

① 鲁迅:《在酒楼上》,载《鲁迅全集》第二卷,北京:人民文学出版社,1982年版,第27页。

凄惨的民国意味着他们的又一次死亡,一次真正的死亡,比死亡更残酷的死亡。

张朋园说:"进步党以釜底抽薪的办法将国民党赶出北京的政治舞台,岂知捕螳螂捕蝉,黄雀在后,反遭徐树铮的暗算。"[1]梁启超绝对没有想到,进步党的价值,是依托国民党而存在的。在民主政治这个平台上,任何政党,包括敌对政党之间,都是唇亡齿寒的关系,当进步党帮助北洋集团将国民党赶出国会,它的使用期也就过了,兔死狗烹,是它唯一的结局。这让我想起国会本身就是不同政治派别角逐的舞台,在这个舞台上,只有尊重和保护不同政见者,自己才能得到尊重和保护,也才能使政治博弈在一个正常的规则下进行。而那些党同伐异、企图将对手赶尽杀绝的人,必将激起暴力反抗,将自己逼上绝路。对此,政治学家阿尔蒙德说:"任何掌握政权的党派,即使行独裁专制之实,亦不能不拉拢部分其他势力,始能立于不败之地。如果一意排除异己,自身终将不保。"[2]从这个意义上说,进步党的失败,在它挤走国民党的时候就埋下了伏笔;而打垮了进步党的安福系,它极盛之时,也是它衰亡的开始。

---

[1] 张朋园:《梁启超与民国政治》,长春:吉林出版集团有限责任公司,2007年版,第87页。
[2] 张朋园:《梁启超与民国政治》,长春:吉林出版集团有限责任公司,2007年版,第117页。

五

9月4日,安福国会组织两院联合选举委员会投票选举总统,到会议员436名,徐世昌以425票当选。继黎元洪、冯国璋之后,段祺瑞急需一个既是北洋系,又手中无兵的总统,徐世昌是不二之选。

徐世昌在美国留学的女儿得知父亲当选总统的消息后,立即写信劝说父亲辞职,因为自民国初年以来,总统如走马灯般轮换不已,没有一人能干满5年任期,足见他们面临的是政治的深渊,如不悬崖勒马,必将粉骨碎身。徐世昌历经的困局,证明了女儿的信,并不全然是小儿之见。

1917年深冬,已经从财政总长任上下野的梁启超写了《人生目的何在》一文,刊载于北京的报纸上。在这篇文章中,梁启超只提出了问题,没有提供答案,仅列举出各人各有其人生之目的,然而皆不准确,所以最终无法完成其人生目的,末尾不提出答案,而请大家来答复他。梁启超没有得到任何读者的答复。

梁启超不会料到,自己苦心孤诣的奋斗,换来的只是现实的一地鸡毛,理想像灯影里的繁花,在他面前迅速萎缩、凋谢。他胸中虽有千军万马,手中却不过一支笔;他试图与政客妥协,与军阀合作,却一次次被利用、被愚弄、被抛弃;他无法撼动混乱的政局,反而被拖进泥淖。

周善培与梁启超相交多年,知之甚深,周善培说梁启超"有极热烈的政治思想、极纵横的政治理论,却没有一点政治办法,尤其没有政治家的魄力"。

梁启超当时愤然回敬说:"你难道不晓得今天不能办事吗?"

周善培却反问:"你难道早不知道今天不能办事吗?"

梁启超叹口气没说话。

周善培又接着说:"你讲了一生政治,你有几天是愉快的?"

梁启超没有回答他,只是沉默不语。

有一次,贾士毅办事到天津去,顺便去看望梁启超。谈起旧事,偶然问他近来为何没有政论发表,他回答说:"从民国二年秋间参加熊内阁主持司法部,直到民国六年夏天在段内阁担任财政总长,对于政事都没有一件收到积极的效果,可说是自己没有做好,所以也就不愿再发表什么政论,免得给人家说闲话。"说得非常谦虚,弦外之音,却包含了无限的感慨。

郑振铎在追忆梁启超的一生时说,梁在政治上初而保皇,继而投袁,既而又反袁,又拥护共和,又反抗复辟,又议会政治。由保皇而至于反对复辟,恰恰是一个敌面。然而六七年间,梁氏主张却已不同至此。梁启超常常自诵的名句,是"不惜以今日之吾与昨日之吾宣战"。

很多人批评梁启超"流质易变",梁启超作了解释:"弟数年来,至今未尝稍变,惟务求国之独立而已。若其方略,则随时变通,但可以救我国民者,则倾心助之,初无成心也。"

在郑振铎看来,梁启超的屡变,正像他早年所写的《善变之豪杰》一文所说，无不有他最强固的理由，最透彻的见解，最不得已的苦衷。其方法虽变，然其所以爱国者未尝变也。

1918年12月28日，梁启超率丁文江、蒋百里等人，乘坐日本轮船横滨号起航前往欧洲。在长年的流亡生涯中，梁启超已经习惯了海上旅行的漫长和颠簸。洋面上波涛汹涌，恰如思潮滚滚；许多种朦胧的选择，不断出现在前方，刺激着人们的好奇心，也加剧了人们的迷惑。

"一战"后的欧洲之旅，梁启超目睹了"西方的没落"。他没料到，曾让无数国人艳羡不已的欧洲物质文明，竟在自相残杀中毁于一旦，陷入"一片沉忧凄断之色"。

在伦敦，他下榻的高级酒店连暖气也没有，甚至连火柴与糖也成了稀罕物品。好吸纸烟的他，自叹"没有钻燧取火的本领"，"只好强迫戒掉了"。

年近五十的梁启超用了大半辈子的时间，试图从西方的强盛中寻找中国的救亡之路，最终却感叹："谁又敢说我们素来认为天经地义尽善尽美的代议政治，今日竟会从墙脚上动摇起来？"

欧游途中，他彻底放弃了科学万能的迷梦，主张在中国文化上站稳脚跟。归国之后，梁启超著成了《欧游心影录》一书，这本著作，是他告别唯科学论，从而倡导"中国不能效法欧洲"的告白。

他在书中写道："着实将从前迷梦的政治活动忏悔一番，相约以后决然舍弃，要从思想界尽些微力。这一席话要算我们朋辈中换了一个新生命了。"

后来,在谈到革命派和立宪派时,梁启超说:"从前有两派爱国人士,各走了一条错路。"他说立宪派"想靠国中固有的势力,在较有秩序的现状之下,渐行改革。谁想这主意完全错了,结局不过被人利用,何尝看见什么改革来"。而孙中山的革命派"要打破固有的势力,拿什么来打呢?打军阀的还不是个军阀吗?排官僚的人还不是个官僚吗?"

政治上的穷途末路反而成全了他在学术上的纵横驰骋。学术照亮了他的道路,使他阴郁已久的心情终于明媚起来。自1918年3月开始,梁启超着手中国通史的写作。他经常连续写作三四十个小时。《戴东原的哲学》一文,就是他连续写作34个小时写成的。一次,他下班坐包月车回家,一路上专心地酝酿一篇文章。回到家时,文章腹稿已成,烟头却把棉衣烧了个小洞,他自己竟然丝毫没有察觉。梁启超的听差曹五曾经告诉梁的外孙女、后来成为北京大学教授的吴荔明:当梁先生在书房写作时,经常是左手拿着茶杯饮茶,右手拿着毛笔写字,若想起一件事情,杯笔不放,叫声:"来人啊!"等在门外的听差应声而入,他交代好事情后,立即继续写作。[1]

中国现在运用较广的专业名词,比如政治、哲学、经济、文化、艺术、民主、干部、组织、宪法等都是梁启超首次使用的,

---

[1] 吴荔明:《梁启超和他的儿女们》,北京:北京大学出版社,2009年版,第7—8页。

其中大部分，是他在日本与革命党论战期间，通过日文转译的，从书房里挑起来的战斗，无意中给中国带来了许多新学问，梁启超也因此成为中国现代学术的拓荒者。梁启超这位百科全书式的大师，一生著述1400余万字，在他生命的最后十年，他完成了《清代学术概论》《中国历史研究法》等一系列重要著作，进入一生中的学术黄金期。政治领域的梁启超，不过是袁世凯、段祺瑞手里的一颗棋子，而在书房里，梁启超却找到了自己的撒手锏，那就是学术、思想、言论。在20世纪伟人的名录中，梁启超是极易被遮蔽的一位，但梁启超的伟大，无论怎样形容都不算过分。且不说他在戊戌变法、民国初建、讨伐袁世凯和张勋复辟，乃至后来巴黎和会外交这些中国历史的关键时刻，以他的瘦弱之躯挺身而出，仅从思想学术上讲，他对于中国的持久影响力，同时代几乎没有人比得过他。在民国翻云覆雨的政坛上，没有一个人能笑得长久，梁启超却是例外。五四知识分子后来变成一支独立的群体，当权者用枪炮也打不散，这离不开梁启超奠定的基础。后来，胡适领了学术的风骚，但他没有忘记梁启超，他在《四十自述》中坦然承认："（梁启超的著作）是第一次用历史眼光来整理中国旧学术思想，第一次给我们一个'学术史'的见解。"胡适为代表的五四一代知识分子是20世纪中国的第二代学人，在他们之前，梁启超一代是第一代，胡适后来撰写《中国哲学史大纲》，自然是受了梁启超这位学术前辈的启发。

1916年来到北京担任法国驻华公使馆三秘、1960年获诺贝尔文学奖的法国作家人圣－琼·佩斯，把梁启超誉为"知识分子里的王子"。学者梁启超，与政客的勾当隔着永远的距离，因此，他永远不会知道政客在干什么。他有一个温暖的家，每天晚饭后，全家人都聚拢在一起，听梁启超讲他对历史和人生的看法，温厚的声音如丝如缕，进入子女们的头脑和未来的人生，后来，从这扇门里，走出了三个中科院院士——梁思成、梁思永、梁思礼，一个西点军校毕业生——后任国民党第十九路军炮兵校官的梁思忠，其他子女皆各有成就。

差不多80年后，一个名叫王小波的作家在他北京的书房里写下这样的表白：

"对于一位知识分子来说，成为思维的精英，比成为道德精英更重要。"[①]

六

1920年，吴佩孚率领他的直系军队一路高歌，直捣北京，安福系的末日，来了。在直奉军阀宣布的战犯名单中，徐树铮"荣登榜首"。原因很简单，这个"合法"产生的国会，除了段祺瑞执掌的皖系军阀，谁也代表不了，连北洋的其他派系都代表不了。皖系军阀这个利益集团，过于看重自身的利益，从而失去了全部的利益。他们把既得利益群体的范围划得太小了，从而把

[①] 王小波：《我的精神家园》，北京：文化艺术出版社，1997年版，第9页。

大多数人排斥在外。他们排斥的人越多,他们受到的排斥也就越多。这样的事情,从晚清到民初,已经一遍又一遍地重演,但没有人引以为戒,是因为权力如同金钱,人一旦拥有它,就立即会变成守财奴,没有人愿意给别人施舍毫厘,最终只能等着别人来抢。姜桂题去看段祺瑞,责备他说:"我早说你打不过吴佩孚,你非要打,结果落得如此下场,这都是徐树铮害了你啊。"[1]段祺瑞是明白道理的,听完以后,一言未发,拔枪对准了自己的脑门,身边侍卫立刻冲上去,夺下了他的手枪。

紧接着,传出段祺瑞下野的消息。

但段祺瑞留在北京等着吴佩孚来抓,他的胆气里,透着轻蔑;但吴佩孚始终没碰段祺瑞一根毫毛,他以同样的轻蔑之气回敬老段。

中国的百姓为自己及时地寻找了一位新的"救星"。1924年9月8日,吴佩孚成为美国《时代》杂志封面人物,成为第一个上时代杂志封面的中国人。这似乎表明吴的威望不仅在国内达到高峰,在国际上也受到普遍认可。甚至还有一位名叫露娜的德国小姐,怀揣着一纸从北京德国使馆的亲戚那里得到的一纸介绍信,以及对英雄的敬畏之心,千里迢迢赶到洛阳,要求嫁给这位"黄澄澄几根鼠须,乌糟糟两排黑齿"[2]的吴大将军。

---

[1] 夏双刃:《乱世掌国:平议民国大总统》,北京:九州出版社,2006年版,第227页。
[2] 陶菊隐:《狷介与风流:吴佩孚将军传·蒋百里先生传》,太原:山西人民出版社,2007年版,第69页。

著名报人徐铸成后来回忆说：我的一位做小学老师的堂兄，因为报上的报道，特别崇拜吴佩孚，说吴是了不起的英雄，神机妙算，用兵如神。吴打败了卖国政府，总算有救，不会亡国了。①

1920年12月9日，另一直系军阀曹锟在保定迎来了61岁的生日。茶余酒后，曹锟的弟弟曹锐以闲聊的方式说出了他三哥的心里话："咱们三哥与冯（国璋）、段（祺瑞）都是北洋派的同期前辈，冯、段做总统和内阁总理，三哥年过六旬，做做总统有何不可！"②

马克思有句名言：历史总会重演，第一次是悲剧，第二次就是闹剧。在梁启超的悲剧之后，曹锟的闹剧果然开始。北京甘石桥，又一个俱乐部应运而生，这是新一轮大选的筹备机关——议员俱乐部。在这里，曹锟这个早年的津门布贩子经营起了他的政治生意。这一俱乐部为议员们准备的收买费为每月600元，比安福俱乐部涨了一倍。这一经济手段果然见效，在经济杠杆的作用下，那些理直气壮的离京议员又理直气壮地返回，而主张"先宪后选"的议员也纷纷收回成命，改为主张"先选后宪"了。

1923年10月5日，曹锟期盼已久的总统选举会终于在北京举行。选战前夜，众议员邵瑞彭突然向北京地方检察厅告发贿选

---

① 徐铸成：《报海旧闻》，上海：上海人民出版社，1981年版，第114页。
② 夏双刃：《乱世掌国——平议民国大总统》，北京：九州出版社，2006年版，第181页。

传奇五 歧路　185

行为，并出示了相关证据。但北京地方检察厅置若罔闻。邵瑞彭见势不妙，迅速将家属送出北京，自己也转道天津，前往上海避祸。

甘石桥大选机关如临大敌，门前停放的汽车达几百辆之多。与此同时，拆台派也在六国饭店唱起对台戏，用钱收买议员不投票，价格一路涨到每人8000元，终因财力不继而败下阵来。他们先后只收买了40名议员，这40人中，还有两面拿钱的。

5日上午，一场载入史册的政治闹剧拉开了序幕。这一天上午，北京出动了大批军警，北自西单牌楼，南至宣武门外大街成为他们漫长的战线。"宪兵警察在象坊桥东西两口夹道排队，除议员及参观人员外，任何人不能通过。……无论国会人员和旁听人员，入场前必须经过人身搜查，女宾由女侦探担任搜查。旁听席限制很严，必须取得议员的介绍证件，并规定入席后不得擅行退出。这些情况，分明是剑拔弩张、杀气腾腾的战时紧急状态，哪里像个选举总统的庄严会场！"[①]

总统选举会召开的法定人数为583人，由于国会议员们的故意拖延，原定于上午10点开始的总统选举会，到11点40分，才有400多人签到。吴景濂急得团团转，派他信任的议员分头去拉同乡同党的议员，强令每人至少要拉一人回来。为了吸引议员，临时提高了收买议员的价格，只要参加，即使不投票，也一

---

① 陶菊隐：《北洋军阀统治时期史话》第4册，海口：海南出版社，2006年版，第240页。

律发给 5000 元。经济杠杆再度显出了威力，参会议员很快超过法定人数，选举得以如期举行。

如同当年段祺瑞操纵的大选一样，选举取得了圆满的结果，在 590 张选票中，曹锟如愿以 480 票的"高票"当选。耐人寻味的是，选票排名第二的，是一毛未拔的孙中山，共得 33 票。

第二天，在"选举"中排名第二的孙中山就对记者发表了他对曹锟的态度："曹锟串同无耻议员，谋之已久，今日之事，早在人人意料之中。日前我曾通电宣言警告曹氏，冀其觉悟，今竟冥顽不灵，甘冒不违，只有重行兴师北伐之一法。"[①]10 月 7 日，中国国民党发表申讨曹锟贿选窃位宣言。

面对曾被段祺瑞视为深渊与陷阱的总统职位，曹锟心急火燎跳了进去，果然劫数难逃。陶菊隐写道："曹锟未做总统时，当然是个威风凛凛的人物，而跨入新华宫不久，就开始尝到了以前历届总统所尝到的各种苦味，如兵不能裁，督不能废，军饷无法应付，财政无从整理，等等。他不但不能统一全国，而且不能统一直系内部。……北洋派元老王士珍看了这些情况，曾经意味深长地叹息着说：'如果要害人，最好是请他当总统。'曹自己也向手下人大发牢骚：'你们一定要捧我上台，却是叫我来活受罪！'"[②]

[①] 上海《民国日报》，1923 年 10 月 18 日；转引自陈锡祺主编《孙中山年谱长编》下册，北京：中华书局，1991 年版，第 1071 页。

[②] 陶菊隐：《北洋军阀统治时期史话》第 4 册，海口：海南出版社，2006 年版，第 271 页。

曹锟的政治交易总共破费了 1356 万元，当然，这不是他自己的钱。

1925 年年底，冯玉祥设局邀请出国考察归来的徐树铮北上，段祺瑞未能阻止。段祺瑞的这位多年部属与知交，被冯玉祥部属张之江截停火车，枪杀于廊坊。

"三一八"以后，段祺瑞下野，火车经过廊坊时，他打开车窗西望，历 10 分钟之久。这里正是徐树铮被杀之地。许多年后，段家后人祭祖时也要给徐树铮上香。

这是段祺瑞的遗训。

General Hsu Seu-Cheng
徐又铮字樹錚

◆ 徐树铮 民国初年

◆ 梁启超47岁时摄于巴黎，左上角有梁启超写给二弟梁启勋的题字 1919—1920年

◆ 梁启超抱着2岁的梁思庄和3岁的梁思忠 1910年

◆ 打麻将　民国初年

◆ 民国初年的妓女

◆ 北京正阳门 民国初年

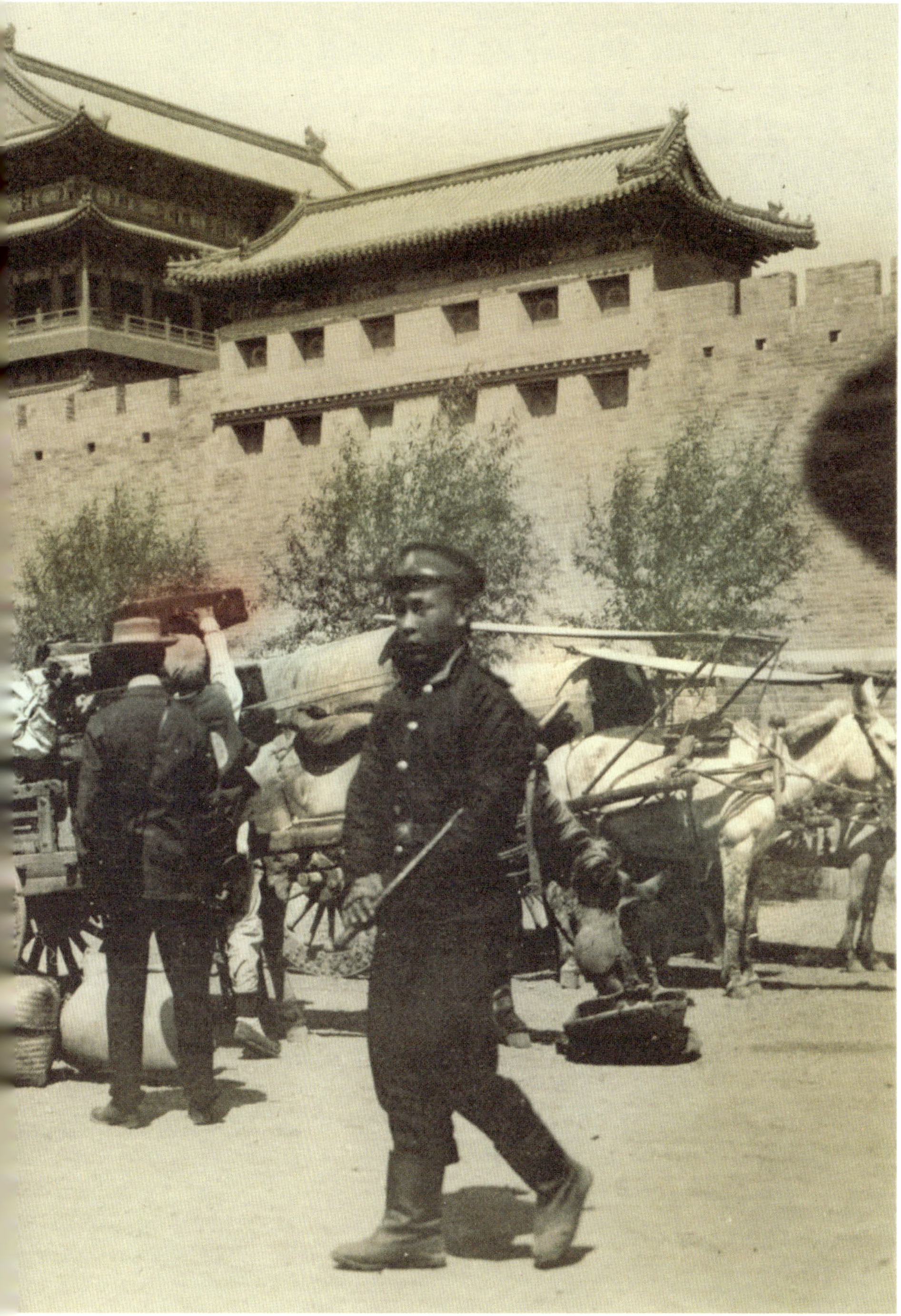

GRANDE RUE DE PÉKIN.

◆ 北京街景 民国初年

◆ 梁启超（前排中）与民国官员

◆梁启超（左一）与林长民之女林徽因（右一）

传奇六 呐喊

1917—1920

一

绍兴会馆位于北京宣武门外南半截胡同，离清朝杀人的法场——菜市口很近。民国初年的北京城外，透着几分萧瑟与清冷，周作人后来回忆说，在夜里，会有异乎寻常的大狗，来菜市口舔血吃。这让他想起故乡的轩亭口，与菜市口一样，也是一个丁字街，在那里，他时常看见一具死尸，被草席盖着，两只脚露在外面，虽然没有揭开来看，但常识告诉他，那尸体是没有头的。补树书屋，是会馆里的一排三间房，院子里有一棵槐树，据说过去上面是吊死过一位女人的。

1917年，就在这棵吊死过女人的槐树下，坐着来自浙江绍兴的周氏兄弟——周树人和周作人。这时，作为五四新文化运动主将的鲁迅，还没有登场。一年后，才有一篇名为《狂人日记》

的小说发表，引起全国性的震荡。那篇小说发表时，"鲁迅"这一笔名才第一次使用。此时，"鲁迅"并不存在，只有中华民国教育部一个名不见经传的小官员——周树人。这一年，周树人似乎已经陷入了中年的困惑，37岁的他，似乎已经成为一个暮霭沉沉的"老青年"。几年后，高长虹第一次见到鲁迅，留给他的第一印象是："鲁迅那时仿佛一个老人，年纪其实也只四十三四岁。"①他自己也说："我在年青时候也曾经做过许多梦，后来大半忘却了，但自己也并不以为可惜。"②

鲁迅似乎是一个没有青春期的人，似乎连鲁迅自己，也没有对于青春期的记忆。童年在他的记忆里活色生香，始终未曾褪色，他后来在《朝花夕拾》里的文章明白无误地透露了这一点，但是在他的文章中，我们很难找到他的青春记忆。他的作品里没有出现过年轻人的亮色，即当时的年轻人所共有的"蔷薇色的梦"，即使写爱情，调子也是灰的，比如《伤逝》。偶有的青春迸发，应是那一次著名的"幻灯事件"，让他血性了一回，放弃了医学的大好学业，决定从文，以改变国人的精神。

但这样的一丝亮色，在民国的灰暗背景下很快消逝无踪，留下来的，是一个在北京的灰色城墙下奔走的民国公务员。这一年4月，他把弟弟周作人召唤到北京，并非因他对于他们兄弟二人即将在新文化运动中扮演的角色有所预感，而仅仅是出于谋生的

---

① 孙郁：《在民国》，杭州：浙江人民出版社，2008年版，第39页。
② 《鲁迅全集》第四卷，北京：人民文学出版社，1982年版，第415页。

考虑。此时他的理想，或许只是让这个因为父亲去世、兄弟留学而支离破碎的家庭能在北京这座城市里安静地相聚，像他说的，兄弟三人在一起，永远不分开。

绍兴会馆，就是他们暂居之所，在这里，周树人把《新青年》杂志拿给周作人看。在这份刚刚由《青年杂志》改版的刊物上，周作人第一次读到了胡适的《文学改良刍议》、陈独秀的《文学革命论》等文章，号召文学革命。但在《新青年》上展开的热闹的文学革命，并没有引起周氏兄弟太大的兴趣。周作人的看法是："觉得没什么谬，虽然也并不怎么对。"对此，周树人的解释是："我那时对于'文学革命'，其实并没有怎样的热情。见过辛亥革命，见过二次革命，见过袁世凯称帝，张勋复辟，看来看去，就看得怀疑起来，于是失望，颓唐得很了。"[1] 此时的周作人，正专注于翻译古希腊玄远的诗歌，而周树人也远离了问题与主义，许多时间都用来抄写他因教育部工作关系而搜集的古碑。

现实似乎总是离最初的设计越来越远。议会民主的梦想，在这座城市里只剩下残骸，中国彻底陷入了政治衰朽。政治衰朽，是美国政治学家亨廷顿在他对广大第三世界政治现代化过程、特点进行分析比较之后提出的一个重要的概念。他认为，"政治秩序在下降，政府的权威性、有效性和合法性在遭到破坏；这些地区缺乏国民士气和公共精神及体现和指导公共利益的政治机

---

[1]《鲁迅全集》第四卷，北京：人民文学出版社，1982年版，第63页。

构。笼罩在这里的景象,不是政治的发展,而是它的衰朽。"[1]当时的情况,用胡适的话说,就是"兵化为匪,匪化为兵,兵又化为匪,造成一个兵匪世界而已"。对于兵匪们所热衷的暴力法则,知识分子既力不能及,又不屑一顾,鲁迅后来在给许广平的信中写道:"说起民元的事来,那时确是光明得多,当时我也在南京教育部,觉得中国将来很有希望。自然,那时恶劣分子固然也有的,然而他总是失败。一到二年二次革命失败后,即渐渐坏下去,坏而又坏,遂成了现在的情形。"[2]关于造成这种局面的原因,鲁迅深刻地解释道:"最初的革命是排满,容易做到的,其次的改革是要国民改革自己的坏根性,于是就不肯了。所以此后最要紧的是改革国民性,否则,无论是专制,是共和,是什么什么,招牌虽换,货色照旧,全不行的。"[3]

二

鲁迅并没有意识到,从1917年开始,中国已经走进了自己的青春期。这一切,与两位"老青年"关系密切,一个是蔡元培,另一个是陈独秀。

1904年,参加上海暗杀团的蔡元培和以一己之力艰难支撑

---

[1] [美]塞缪尔·P.亨廷顿著,王冠华、刘为等译:《变化社会中的政治秩序》,上海:上海人民出版社,2008年版,第3页。
[2] 《鲁迅全集》第十四卷,北京:人民文学出版社,1982年版,第63页。
[3] 《鲁迅全集》第十四卷,北京:人民文学出版社,1982年版,第63页。

着《安徽俗话报》的陈独秀,还都算得上是"新青年",就在那一年,他们相遇了。后来,蔡元培索性把陈独秀拉进这个暗杀团,他们经常在一起试验炸药。所以,校长任命刚刚发表,蔡元培就冒着严寒,前往前门西河沿中西旅馆,以三顾茅庐的决心请陈独秀出任北大文科学长。与陈独秀同住的汪孟邹后来回忆说:"蔡先生差不多天天要来看仲甫[①]。有时来得很早,我们还没有起来。他招呼茶房,不要叫醒,只要拿凳子给他坐在房门口等候。"[②]

陈独秀既无任何学位,亦无教书经验,但他逃不过蔡元培的围追堵截、死缠烂打,终于同意了蔡元培的请求。喜出望外的蔡元培得寸进尺,说:"你把《新青年》杂志搬到北京来办吧。"即刻以北大名义致函教育部,请派陈独秀为北大文科学长,随函附陈独秀履历一份,履历中夸耀陈独秀是"日本东京日本大学毕业,曾任芜湖安徽公学教务长、安徽高等学校校长"。耐人寻味的是,这是一份虚假履历,它的伪造者,正是蔡元培自己。

后来,有人批评蔡元培身为校长伪造学历,"违背现代文明社会程序正义优先的原则",却忘记了外表文静的蔡校长原本是个无政府主义者,更是一个行事"莽撞"的老青年,从来不把政府放在眼里,组织过暗杀团,杀人放火都敢作敢当,他的校长办

---
① 陈独秀字。
② 汪原放:《回忆亚东图书馆》,转引自叶曙明《重返五四现场》,北京:中国友谊出版公司,2009年版,第65页。

公室里，不仅放着文房四宝，还藏着炸弹。

  胡适风尘仆仆地抵达北京，蔡元培设宴接风，并聘请他为北大教授，月薪 280 元。胡适于是成为北大最年轻、薪水最高的教授之一。既空前——我想，也一定绝了后。放在今天的大学体制，26 岁的年轻人，至多刚刚评上助教。胡适的第一堂课是《大学与中国高等学问之关系》。这位未来的文化巨匠，就这样在蔡元培这些民国元老的簇拥下，完成了"处子秀"。但此时的胡适还不知道，不久前还对国内的衰朽政治深感失望的他，已经一不留神站在了一个新的舞台的中央。他满足了这个舞台对他的要求，这个舞台也满足了他。余英时说："五四运动前夕，一般知识分子正在迫切地需要对中西文化问题有进一步的认识；他们渴望能突破'中体西用'的旧格局。然而，当时学术思想界的几位中心人物已没有人能发挥指导作用了。这一大片思想上的空白正等待着继起者来填补，而胡适便恰好在这个'关键性的时刻'出现了。"[1] 仅仅 5 年后，1922 年，上海一家媒体举办了一次公众人物的投票，胡适被选为"中国 12 个最伟大人物"之一，那一年，他也只有 31 岁。连胡适自己都对自己的"地位"感到不适，在给美国女友韦莲司的一封信中，他这样写："我似乎一觉醒来就成了一个全国最受欢迎的领袖人物""很少有人能理解到：与暴得大名斗远比与反对意见斗更艰难"。甚至余英时都不无羡慕地

---

[1] 余英时：《中国近代思想史上的胡适》，见《现代危机与思想人物》，北京：生活·读书·新知三联书店，2012 年版，第 133 页。

写道:"胡适以一个二十六七岁的青年,回国不到两年便一跃而成为新学术、新思想的领导人物,这样'暴得大名'的例子在中国近代史上,除了梁启超外,再也找不到第二个了。"[1]

26岁的北大教授胡适,住在南池子缎库后身8号,向南不远,就是天安门广场,向北,可一路走进北大红楼。当年的北大,还在景山东街,即马神庙的"四公主府"。第一院的沙滩红楼尚在建造中,第三院的译学馆是大学预科,文理本科全在这"四公主府"里。那时北大正门并未落成,他平常总是从西头的便门出进。进门往北一带是讲堂;往东一带平房是教员休息室,每人一间,人们叫它"卯字号"。图书馆主任李大钊,月薪180元。至少在经济地位上,教授学者与那些出入花街柳巷、接受政治黑金的政客不相上下,何况政客们的钱是卖身所得,而学者们,则是实至名归。手无寸铁的文人们逐渐找到了一种新型武器来打破北洋武夫的权力垄断,这种武器是:思想。

自此,蔡元培与陈独秀、胡适等人,开始了一校一刊的合作,共同扛起了新文化运动的旗帜。在后世学者眼里无限神圣的《新青年》,在当时的发行量实际上少得可怜,1916年,《新青年》在整个成都的销量只有区区5份,全盛时期也不过30份左右。1917年,《新青年》杂志的全国总印数为每期一万五六千份,远不及当时的商业刊物。但如同它的名字一样,它有效地影

---

[1] 余英时:《中国近代思想史上的胡适》,载《现代危机与思想人物》,北京:生活·读书·新知三联书店,2012年版,第128页。

响了青年精英群体,后来成为中共领袖的毛泽东说:"我在师范学校读书时,就开始阅读这本杂志了,并且十分崇拜陈独秀和胡适所做的文章。他们成了我模范,代替了我已经厌弃的康有为和梁启超。"周恩来说,这本杂志,"把我那从前的一切谬见打退了好多""晨起读《新青年》,晚归复读之"。

蒋介石从1919年开始接触《新青年》,那一年,蒋介石正在孙中山的军队里服役,他越来越不喜欢广东,便以探望母亲为由离开部队,实际上,他的许多时间都留在上海。从此时至1926年率军北伐时期,他都没有放下过这本杂志。这一点,从已经公开的蒋介石日记中可以找到根据:

> 1919年12月4日日记云:"看《新青年》杂志。"
>
> 1919年12月5日日记云:"上午,看《新青年》。往访林士及执信。下午,看《新青年》。"
>
> 1919年12月7日日记云:"看《新青年》,定课程表。"
>
> 1919年12月10日日记云:"看(《新青年》)易卜生号。"
>
> 1920年4月9日日记云:"在船中看《新青年》杂志。"
>
> 1926年4月21日日记云:"上午看《新青年》杂志。"
>
> 1926年4月22日日记云:"上午看《新青年》。"
>
> 1926年5月5日日记云:"下午看《新青年》杂志。"

在五四以后各种新式刊物中，蒋介石对《新青年》似乎情有独钟，除该刊及北京大学罗家伦等编辑的《新潮》外，别的刊物蒋介石很少涉猎。1923年9月24日，蒋介石在日记里写道："今日看《马克思学说概要》，颇觉有趣。上半部看不懂，厌弃欲绝者再。看至下半部，则倦不掩卷，拟重看一遍也。"

1923年10月18日，蒋介石在日记中写道："看《马克思传》。下午，看《马克思学说》乐而不能悬卷。"

从日记中我们看到，这一时期的蒋介石此时还看过《共产党宣言》《列宁丛书》《德国社会民主党史》《俄国革命史》等著作，他在日记中评价《列宁丛书》时写道：

> 晚，看《列宁丛书》第五种。其言劳农会与赤卫军之组织与所牺牲之价值，帝国主义之破产原因，甚细密也。

11月21日日记又写：

> 看《列宁丛书》。其言权力与联合民众为革命之必要，又言联合民众，以主义的感化与训练为必要的手段，皆经历之谈也。[1]

---

[1] 杨天石：《蒋介石与南京国民政府》，北京：中国人民大学出版社，2007年版，第1页。

追寻蒋介石的思想来路,他的年轻时代,也是受到马克思主义影响的,作为一个年轻的理想主义者,他也曾寻找过救国真理。杨天石说"历史不能割断,一个人的思想也不能割断"[1],忽略了这一时期,就不能认识蒋介石,也不能认识那个时代。1926年,蒋介石的读书趣味突然发生转向,废弃新学,专读旧籍,从曾国藩等人的著述中寻求思想资源,这一时期,无论是对于蒋介石个人,还是整个中国,都至关重要。

《新青年》所进行的思想启蒙,为一个崭新的青春群体介入历史奠定了基础。如唐德刚先生所说,人的意识是受社会观念支配的,一种社会生活方式如果千年不变,那么这一社会成员的集体意识和观念,也会千年不变;然而,中国历史没有一个时代像20世纪的前20年这样处于激变当中,在这样的社会环境里,年龄相差10年,就要发生代沟。于是,在启蒙思想者的激励下,那些课堂上的学生已经在历史中呼之欲出了。

蔡元培、陈独秀这些具有新思维的"老青年",就这样一面做着"社会与国家平衡"的实验(尽管暂时未能达到"社会强于国家"),一面令北大脱胎换骨,由一个垂垂老矣、苟延残喘、学生们带着鸦片上课的旧学府,变成一个激情勃发的梦想实验地。1918年,经过了一年的改革之后,形形色色的组织已经在北大建立起来,其中包括消费公社和学生银行。著名的沙滩红楼

---

[1] 杨天石:《蒋介石与南京国民政府》,北京:中国人民大学出版社,2007年版,第2—5页。

落成了,新图书部也投入使用。北京大学,已经成为一个未来中国的实验基地。

根据北大学生许德珩的回忆,李大钊写于日本的《青春》在学生中广为传诵:"以宇宙之青春为我之青春,宇宙无尽,即青春无尽,即自我无尽。"

一个青年学生在描述这代人的日常生活时写道:

> 这是一群严肃的青年……他们没有时间谈恋爱或"罗曼史"。他们以为在国家如此危急,如此急迫需要知识的时候,是不能讨论女人或私事的。
>
> ……
>
> 记得有一次在一个青年的家里,他和我谈起"买肉"的事情……我动怒了,以后就不和他来往。
>
> ……
>
> 我们又是热心的体育家……天雨时我们就脱去衣服,名之为"雨淋浴"。阳光灼烁时,我也剥去衣服,名之为"日光浴"。春风和暖时,我们又算是一种新运动,叫"浴风"。[1]

这段话的作者,就是时为长沙第一师范学生的毛泽东。

在这个武人把持的国度内,这些年轻的、鲜嫩的、名不见经

---

[1] [美]斯诺录,汪衡译:《毛泽东自传》,北京:解放军文艺出版社,2001年版,第28—29页。

传的面孔注定要浮出海面，被历史一一铭记。

1918年8月15日，鲁迅的《狂人日记》发表3个月后，一位26岁，名叫毛泽东的青年，扛着被服书卷，投奔北京大学，与毛泽东一同走进北大的，还有萧子升、李维汉、罗章龙等青年。毛泽东俊秀的面容一下子就消失在北大如海的青春面孔中。两年后，他听了胡适《一个自修大学》的演讲后，拟了一份《湖南第一自修大学章程》，拿到胡适家，请胡适审定。毛泽东说，他要回长沙去，用"船山学社"作为"自修大学"的地址。过了几天，毛泽东来胡适家取修改稿，然后就又背着行囊，前往湖南了。①

后来，人们似乎更关注北大大师云集的教授阵容，而忽略了它天下一流的学生阵容，他们有：时年29岁的张国焘、许德珩、杨振声；时年22岁的孙伏园；时年19岁的俞平伯……

而沈从文，4年后来到北京时，只能在北大的校门外盘桓，目睹着出入校门的莘莘学子，他的目光中，充满艳羡。

三

就在毛泽东来到北大的这一年，北京城一地金黄的时候，北京的青年学生们组成的游行队伍抵达天安门，并最终会集在故宫的太和殿前，准备燃起国家复兴的希望。18年前，正是在这里，

---

① 参见《胡适日记全集》，合肥：安徽教育出版社，2001年版。胡适日记中关于他与毛泽东交往的记载，只此一处。

八国联军庆祝他们的"胜利",德国军官瓦德西在这里检阅他的部队。现在的情况则完全相反,在刚刚结束的第一次世界大战中,中国成为战胜国,而德国则成了战败国。

段祺瑞政府在与总统黎元洪的"府院之争"中,把宝押在了协约国的身上。段祺瑞的政治赌博,以胜利而告终。这位再造共和的政治人物,一下子成为国民心中的英雄,他的胸前,也挂上了政府颁发的大勋章。北京政府宣布放假3天,上万人提灯庆祝,中德的国际地位颠倒过来了,记录着庚子之耻的克林德碑,被兴奋的人们拆掉,移到中央公园,改成"公理战胜"碑,以纪念这个不平凡的时刻。

这是那段岁月里一次少见的中国人自己的庆祝游行。这一天,北京大学校长蔡元培站在万人之前,发表了题为《黑暗与光明的消长》的演说。他评说刚刚结束的第一次世界大战:"幸而正义果胜强权,协约国竟占最后之胜利。外之既暂纾侵略之祸,内之亦杀主战之焰,我国已有一线生机。"[1]

胡适后来在回忆北大学生的兴奋时说,他们把"一战"结束、中国成为战胜国,看成是"一个世界大变局的起点,也想抓住它作为推动中国社会政治的起点"[2]。在他们眼中,世界重新洗牌的时候到了,受尽列强欺凌的中国,就要熬出头了。

---

[1] 蔡元培:《蔡孑民先生言行录》,桂林:广西师范大学出版社,2005年版,第159页。
[2] 中国社会科学院近代史研究所编:《五四运动回忆录》上,北京:中国社会科学出版社,1979年版,第169页。

这种期望，是长期压抑后的一次释放和反弹，但它只是一场不切实际的梦，梦醒后铁屋似的黑暗，无疑更加残酷。

唯有绍兴会馆的周氏兄弟，对惨淡的现实没有抱丝毫的幻想。后来的历史证实了周氏兄弟的判断，随着《凡尔赛和约》的签订，所有的希望再度化作绝望与悲愤，有人还割破手指，写了血书。

在外人眼中，周氏兄弟简直是二位一体。二人时常一起出门，去逛离会馆不远的琉璃厂，或者拜访朋友，吃饭饮茶，更不用说学问上相互砥砺、生活上互相照顾。他们对兄弟间的这份感情都很珍重，甚至将这份情感涂上了梦的色彩，希望永久地延续下去。

春天的夜晚，树上叫春的猫叫个不停，他们俩便搬来凳子，密切合作，爬上墙头，用竹竿"棒打鸳鸯"。有一次，沈尹默去看鲁迅，正逢有人在墙角小便，看不过眼的鲁迅于是手持一把弹弓，向随地小便者的屁股瞄准。①

在沈尹默的记忆中，还趴着一只灵动的小壁虎。他说："有一次，我发现窗纸上，有一个胖而且大的壁虎，很驯熟的样子，见人来了也不逃走，后来才知道这是他喂养着的，每天都要给它稀饭吃。"②

---

① 沈尹默：《忆鲁迅》，载柳亚子等《高山仰止——社会名流忆鲁迅》，石家庄：河北教育出版社，2002年，第76—77页。
② 沈尹默：《忆鲁迅》，载柳亚子等《高山仰止——社会名流忆鲁迅》，石家庄：河北教育出版社，2002年，第76—77页。

与壁虎为友,透露出鲁迅的寂寞。绍兴会馆少有客来,他们的浙江同乡、北大教授、《新青年》编辑钱玄同是偶尔的访客。每次来,他都将手提的大皮夹放在破桌上,脱下长衫,与兄弟二人对面而坐,促膝而谈,"因为怕狗,似乎心房还在怦怦的跳动"[①]。

于是有了这样著名的对话:

"你钞了这些有什么用?"有一夜,他翻着我那古碑的钞本,发了研究的质问了。

"没有什么用。"

"那么,你钞他是什么意思呢?"

"没有什么意思。"

"我想,你可以做点文章……"

我懂得他的意思了,他们正办《新青年》,然而那时仿佛不特没有人来赞同,并且也还没有人来反对,我想,他们许是感到寂寞了,但是说:

"假如一间铁屋子,是绝无窗户而万难破毁的,里面有许多熟睡的人们,不久都要闷死了,然而是从昏睡入死灭,并不感到就死的悲哀。现在你大嚷起来,惊起了较为清醒的几个人,使这不幸的少数者来受无可挽救的临终的苦楚,你倒以为对得起他们么?

[①] 《鲁迅全集》第一卷,北京:人民文学出版社,1982年版,第418页。

"然而几个人既然起来,你不能说决没有毁坏这铁屋的希望。"①

从这一天开始,中国的文坛上,多了一个作家,他使用的笔名,后来连小学生都无比熟悉:鲁迅。他的作品,后来被编入语文教科书,融入一代又一代人不能忘却的青春记忆,尽管鲁迅认为,自己的书是不适合于青年的。他后来在给许广平的信中说:"我的作品,太黑暗了,因为我常觉得惟'黑暗与虚无'乃是'实有',却偏要向这些作绝望的抗战,所以很多着偏激的声音……"②

尽管如此,鲁迅身边的年轻人,还是一天天地多了起来,越来越多年轻的面孔,被那张蓄着浓重胡须的老脸吸引着,聚拢在他的周围。沈尹默说:"他是老于世故的,所以不喜欢世路人,尤其时常要讽刺那像东吉派的一班正人君子们,但是对于单纯的青年学子,却很推诚相与。"③鲁迅去北大讲课,下了课还请学生们到沙滩吃点心。许钦文就清晰地记得,鲁迅请他们每人喝了一杯牛奶和吃了几块面包。鲁迅的日记证实了许钦文的回忆:"午后往北大讲。下午与维钧、品青、衣萍、钦文入一小茶店闲话。"到1921年,许多年轻人的社团在鲁迅的身边出现了,其中有未

---

① 《鲁迅全集》第一卷,北京:人民文学出版社,1982年版,第418页。
② 《鲁迅全集》第十一卷,北京:人民文学出版社,1982年版,第20—21页。
③ 沈尹默:《忆鲁迅》,载柳亚子等《高山仰止——社会名流忆鲁迅》,石家庄:河北教育出版社,2002年版,第77页。

名社、狂飙社、莽原社等,以至于鲁迅后来的居所,几乎成了年轻人的乐园。那些慕名去找周作人的学生,赶上周作人不在家,一扭脸就会碰见鲁迅,鲁迅会微笑着说:"过来谈谈吧。"不知鲁迅在《新青年》上发表的文章启迪了那些年轻人,还是那些年轻人扫去了鲁迅心中的阴霾。在鲁迅式的绝望与青年人的希望之间,存在着通分的可能。1919年,鲁迅写下这样的话:

> 老的让开道,催促着,奖励着,让他们走去。路上有深渊,便用那个死填平了,让他们走去。
>
> 少的感谢他们填了深渊,给自己走去;老的也感谢他们从我填平的深渊上走去——远了,远了。
>
> 明白这事,便从幼到壮到老到死,都欢欢喜喜的过去;而且一步一步;多是超过祖先的新人。[1]

四

如同郁达夫说的,北国的春天,来得迟,去得早:"春来也无信,春去也无踪,眼睛一眨,在北平市内,春光就会同飞马似的溜过"[2]。

---

[1] [日]鹿地亘:《鲁迅的回忆》,载柳亚子《海外回响——国际友人忆鲁迅》,石家庄:河北教育出版社,2002年版,第89页。
[2] 郁达夫:《北平的四季》,载郁达夫《故都的秋:郁达夫专集》,长春:吉林出版集团有限责任公司,2015年版,第88页。

1919年的春天即将逝去的时候，从巴黎传来了坏消息。在确定"一战"后世界格局的巴黎和会上，艰苦挣扎的中国代表团终于陷入绝境，尽管顾维钧关于山东问题的慷慨陈辞一度使中国的权益现出一丝曙光，他的陈辞结束后，美国总统威尔逊专门走来向他祝贺，但和会不是辩论会，顾维钧的超一流口才在强列瓜分利益的野心面前一文不值，接下来的消息是：日本将接替德国人在山东的地位，而且中国的状况会比以前更加糟糕。愤怒的同时，国人起了猜疑。4月初，中国代表团成员之一的王正廷打电报到上海各报馆，揭发他们当中有"某些卖国贼"。[1]对"卖国贼"的怨怒，很快锁定在北洋政府中的三个亲日派——曹汝霖、章宗祥、陆宗舆的身上。这封电报似乎验证了国人的猜疑，不安的情绪像传染病一样迅速蔓延。

　　尽管中国政府在战争中没有来得及派出军队而只派了劳工，但这几十万名劳工，相当于一支庞大的后勤保障部队，相比之下，日本人对协约国的贡献则微不足道，仅仅是在青岛打了一下早成孤军的德国军队，却在后来的利益瓜分中中了头彩。国人对于巴黎和会的目标，是废除1915年袁世凯政府与日本人签订的"二十一条"，"一揽子解决自鸦片战争以来，使中国成为半殖民地的所有问题"[2]。一个学生说："至少我国可与日本平等了，

---

[1] ［美］周策纵著，陈永明等译：《五四运动史》，长沙：岳麓书社，1999年版，第124页，注释②。
[2] 张鸣：《北洋裂变：军阀与五四》，桂林：广西师范大学出版社，2010年版，第88页。

不受日本人的气了，而世界也将保持永久的和平。"[1]所以，来自巴黎的坏消息，立刻把他们送入一种冰炭相激的状态中。他们把巴黎和会称为中国的"外交失败"，实际上，在当时的国际政治旧秩序中，国人所希望的"外交胜利"，只能是奢望。美国驻华公使芮恩施在观察中国人的情绪后忧伤地写道："我一想到中国人将如何来接受这个打击，来接受这摧毁他们对国际平等的希望的打击，就使我作呕和沮丧。……"[2]有人预言，北京一定要出事。

位于皇宫东侧沙滩的北京大学，距离天安门很近。倚在红楼的窗口，就能看见紫禁城起伏的金黄屋顶。天安门前的华表，据说是从古代"榜木"脱胎而来的，百姓可以在上面自由张贴谏书，它在一定程度上使宫殿的封闭性得以弥补，使其有了与民意沟通的可能，尽管在历史中，这根"榜木"只是一个华丽的摆设。1915年，在内务部长朱启铃的主持下，天安门前那个封闭的T形广场周边门楼内的门扇，以及连接这些门楼的墙被拆除，北京的市民们第一次可以在东西长安街上自由穿行。[3]一个开放的天安门广场，取代了封闭的紫禁城，成为这座城市的心理中心和政治中心，兼具了"公共空间"和"权力象征"的双重意义。

---

[1] 郭廷以：《郭廷以口述自传》，北京：中国大百科全书出版社，2009年版，第61页。

[2] ［美］周策纵著，陈永明等译：《五四运动史》，长沙：岳麓书社，1999年版，第134页。

[3] 侯仁之、邓辉：《北京城的起源与变迁》，北京：北京燕山出版社，2001年版，第162页。

北大红楼与天安门广场的地理组合，似乎已经决定了这两座建筑之间的某种宿命般的联系。

5月4日，星期天，一个和暖的春日。鲁迅在日记中用一个字记录这一天的天气："昙"，就是多云的意思。前一天的夜里起了风。参加游行的学生杨振生回忆说："5月4日是个无风的晴天，却总觉得头上是一天风云。"王统照说："刚入5月的北京天气，一清早虽还有点微凉之感，午间却已烦热，也正是初穿单衣的首夏。天安门前，正阳门里大道两旁的槐柳，被一阵阵和风吹过摇曳动荡，而从西面中山公园（那时叫作中央公园）的红墙里飘散出来的各种花卉的芬芳，如在人稀风小的时候也还可以闻到。但在那天，像这种闲情逸致不仅是无从想起，就连热尘黄土的飞扬、腾扑也不大注意拂掸。"[1]

杨晦回忆道："那时候，北大的红楼后面还没有灰楼，是一片大空场，大家就在那里集合排队。临出发时，蔡先生在出口那里挡了一下，说有什么问题，他可以代表同学们向政府提出要求。不过，同学们不肯，他也就让开。同学们的队伍走出了学校，沿北池子大街向天安门行进。队伍前面，举着一副白布对联，跟挽联一样：卖国求荣，早知曹瞒遗种碑无字；倾心媚外，不期章惇余孽死有头。"[2]

---

[1] 王统照：《三十五年前的五月四日》，《人民文学》1954年第5期。
[2] 杨晦：《五四运动与北京大学》，载中国社会科学近代史研究所编《五四运动回忆录》上册，北京：中国社会科学出版社，1979年版，第223页。

"老青年"让开了,底下的故事,就留给了那些白衣飘飘的新青年。下午1点,3000名学生抵达天安门前,"偌大的广场上白旗舞动,与正北面宽大的褪色的红墙相映"①。在当时没有扩音设备的天安门广场,关于集会的细节,已经众说不一,有人说演讲者是在站天安门前的石狮上,王统照则在回忆中说:演讲者是站在方桌上。现场中大部分人实际上听不清演讲内容,只是因为有很多标语,加上不时呼口号,知道大致意思。②

所有的照片都不会有声音,但那一天的照片,似乎让我们听到了声音——古老的天安门前,年轻的、激昂的、嘶哑的呐喊。那些呐喊在与血肉的喉咙进行了摩擦之后,发出一种特别的声音。广场周围的红墙,使那些呐喊产生一种海浪般的混响——一种奇妙的剧场效果。这些呐喊,是民国建立以来,面对两次复辟、三次府院之争,以及不知多少次的军阀混战造成的失望情绪的一次总爆发。那些挥舞的拳头,象征着行动的渴望,在空中划过优美的弧线。广场所承载的呐喊与行动,力度远远超过了纸页所承载的文字。毛泽东1917年在《新青年》上发表《体育之研究》,就预告了新青年们身体叙事的开始。

五四运动后,孙中山致信代理蔡元培执行北大校务的蒋梦麟,要他"率领二千子弟,助我革命"③。所有的历史都是在行动

---

① 王统照:《三十五年前的五月四日》,《人民文学》1954年第5期。
② 王统照:《三十五年前的五月四日》,《人民文学》1954年第5期。
③ 陈万雄:《五四新文化的源流》,北京:生活·读书·新知三联书店,1997年版,第69页。

中产生的，思想只有借助身体的援助才能获得实现，所有重大或者不重大的事件，都是在身体出场的前提下发生的。从5月4日这一天开始，新青年蓬勃激昂的身体行动取代了"老青年"的唇枪舌剑，占据历史的舞台。

2时30分，学生整队出天安门广场，由于不甘心巴黎和会的"外交失败"，学生们决定直接"干政"，于是集体向东，进入东交民巷外国使馆区，要找外国公使"评理"。他们的主要目标，一是素饱好感的美国使馆，二是被视为仇敌的日本使馆。他们决定采用和平的方式，是为了避免在这里重蹈当年义和团运动的覆辙。但学生们忽略了一个细节：5月4日是星期天，使馆一律不办公，芮恩施去门头沟旅行了，其他各国公使已大都出国游玩，东交民巷一片空寂，而这一区域，中国人不能擅入，所以前来阻止的巡捕、警察，并非故意刁难。此时激昂的情绪相互激荡，已达到一个高点。学生们希望"立竿见影"，曹宅就这样成为火山的喷口。[①]

章宗祥的霉运到了极点，他本来是到曹宅避祸的，没想到正撞到枪口上，当身穿礼服的他穿越渐浓的火焰狂奔而出时，被一些年轻的拳头捉住痛打。

事后医生诊断，章宗祥浑身受伤56处[②]，其中"头部颅顶部

---
① 王统照：《三十五年前的五月四日》，《人民文学》1954年第5期。
② 曹汝霖：《曹汝霖一生之回忆》，北京：中国大百科全书出版社，2009年版，第208页。

创伤一处，长约5厘米，深达骨膜"①，章宗祥被送到医院时，"精神朦胧，应答不明，时发哼声，呼吸细微"②。面对狂怒的学生，几十个带枪的警察站在一边，束手无策。

5月4日这一天，《新青年》编辑沈尹默，正在什刹海会贤堂面湖的楼上与朋友们吃茶。一位朋友还说："我们在这里偷闲，这个当儿说不定会有一件什么大事发生。"朋友散后，沈尹默在回家的路上，"看见满街都是水流，街上人说道是消防队在救赵家楼曹宅的火，这火是北大学生们放的。"③

胡适不在北京。他的老师杜威在上海演讲，胡适陪同翻译。直到第二天，住在北大教授蒋梦麟家里的胡适刚刚起床，就听见有人敲门，随后进来几名记者，后面还跟着张东荪。报纸随后送到，各报首页都是有关北大学生游行示威被抓捕的大标题。他还不知道，当天学生运动的总指挥就是他的得意弟子傅斯年。④

天安门游行的时候，刘半农正在鲁迅家做客。这一天鲁迅没有出门。他在日记中写："刘半农来，交与书籍2册，是丸善寄来者。"⑤所以后来，他向孙伏园详细询问"天安门大会场的情

---

① 张鸣：《北洋裂变：军阀与五四》，桂林：广西师范大学出版社，2010年版，第129页。
② 《北京档案史料》1986年第2期。
③ 沈尹默：《五四对我的影响》，《解放日报》1950年5月4日。
④ 李伟：《破壁者的"文艺复兴"》，《三联生活周刊》2012年第21期。
⑤ 《鲁迅全集》第十四卷，北京：人民文学出版社，1982年版，第355页。

形"。①

周作人正带着妻儿在日本探亲。他后来在《知堂回想录》里写:"'五四'的情形因为我不在北京,不能知道……"②

对于成熟知识分子的集体缺席,胡适后来说:"中年的智识阶级不肯出头,所以少年的学生来替他们出头了;中年的智识阶级不敢开口,所以少年的学生替他们开口了。现在大家往往责备各省的学生干政,酿成学潮;殊不知少年学生所以干政,正因为中年的智识阶级缩头袖手不肯干政……故五四与六三之大牺牲,正是全国中年智识阶级的羞耻。"③

只有钱玄同,是少数的例外。周谷城后来回忆说:"当时的教师,没有参加游行,但表示同情,始终陪着学生走的也有,如钱玄同先生,即其中之一。"④

那一年,杨绛8岁,正在北京女师大附属小学上学,一脸的稚嫩顽皮,关于这场"运动"的"新闻",不知是否有人跟她讲过。她后来是否去过女师大,见过鲁迅演讲,她自己回忆录里没有写。她只说她后来上高中时听过鲁迅的老师章太炎的演讲。1919年的女师大附小,为十二三岁到十五六岁的女学生创出一种新服装。当时,成年的女学生梳头,穿黑裙子;小女孩子梳一

---

① 孙伏园:《五四运动中的鲁迅先生》,《中国青年》1953年第9期。
② 周作人著,止庵校订:《知堂回想录》下册,石家庄:河北教育出版社,2002年版,第434页。
③ 胡适:《蔡元培以辞职为抗议》,《努力周报》1923年1月21日。
④ 周谷城:《五四运动与青年学生》,《解放日报》1959年5月4日。

条或两条辫子，穿裤子。按这种新兴的服装，十二三到十五六岁的女学生穿蓝色短裙，梳一条辫子。杨绛清晰地记得，她们在大操场上"朝会"的时候，老师曾两次叫她姐姐的朋友——一位她所崇拜的小美女，穿了这种短裙子，登上训话台当众示范。此后，杨绛的姐姐就穿短裙子了，辫梢上还系个白绸子的蝴蝶结。① 那一份形象，青春美丽，清雅脱俗，和那个时代的气氛那么合拍。

《新青年》里的"老青年"们不久就风流云散了，1920年，陈独秀离开北京到达上海，《新青年》很快成为共产主义小组的机关刊物，留在北京的胡适，正与李大钊等陷入"问题与主义"的论战中。鲁迅的心依旧是灰色的，与北京雾气沉沉的天空遥相呼应，在绝望的边缘挣扎。

1920年秋天开学的时候，鲁迅终于走进北大校园，正式在这所大学任教。鲁迅在1920年8月6日日记中记下："马幼渔来，送大学聘书。"② 于是，一年前成为历史主角的新青年们，遭遇了这个令他们仰慕已久的"老青年"。那是一个"身材并不高大，常穿着一件黑色的短短的旧长袍，不常修理的粗长的头发下露出方正的前额和长厚的耳朵，两条粗浓方长的眉毛平躺在高出的眉棱骨上，眼窝是下陷着的，眼角微朝下垂着……"印象中的高亢

---

① 杨绛：《杂忆与杂写》，北京：生活·读书·新知三联书店，2010年版，第1页。
② 《鲁迅全集》第十四卷，北京：人民文学出版社，1982年版，第393页。

的呐喊声消失了，相反，他的"声音是平缓的，既不抑扬顿挫，也无慷慨激昂的音调"[1]，只有偶尔露出的幽默，显示出他的天真本性。那是一个不同于他们印象的鲁迅，带着他特有的疲倦与沧桑，坚韧地面对淋漓的鲜血和惨淡的人生。

---

[1] 鲁彦：《活在人类的心里》，转引自朱正《一个人的呐喊》，北京：北京十月文艺出版社，2007年版，第158页。

◆《新青年》同人合影,从左到右依次为刘半农、胡适、陈大齐、马裕藻、钱玄同、周作人(最后一人不详)

◆ 蒋梦麟、蔡元培、胡适、李大钊（从左至右）合影

◆ 章宗祥、陆徵祥等在中央公园柏树前合影 1914年

◆ 上军事训练课的北大学生在红楼前合影　民国初年

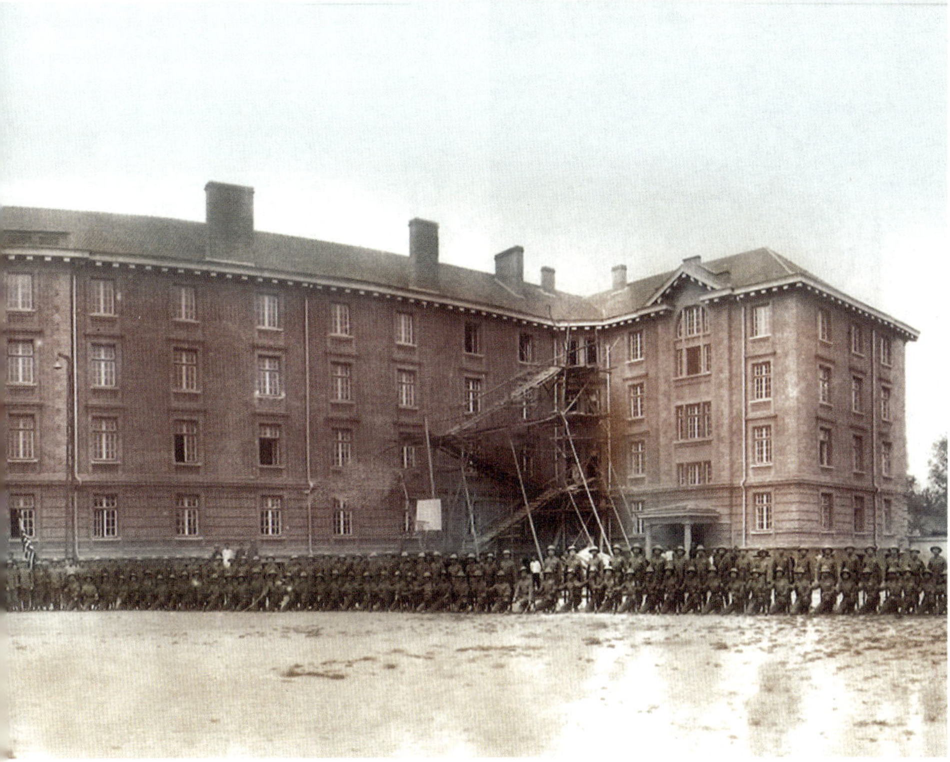

◆ 青年鲁迅　民国初年

◆ 基督青年会学生在图书馆里　民国初年

◆ 五四期间的学生游行 1919年

◆ 参加五四游行的基督教青年会学生 1919年

◆ 五四期间，学生游行　1919年

◆ 北京街头演讲的学生　1919年6月3日

◆ 学生与警察对峙 1919年

◆ 警察逮捕学生 1919年

◆ 学生被捕，脖子上挂着标语 1919年

◆ 学生监狱，师范学校学生在放风 1919年

◆ 张闻天、沈泽民赴日本、美国留学前，在上海和沈雁冰合影。左起：沈雁冰、张闻天、沈泽民 1920年7月

◆ 新潮社成员合影 民国初年

◆留法勤工俭学的部分中国女学生在蒙达尼与法国女教师合影。第二排右一为蔡畅,第一排右四为葛健豪(蔡和森之母)

◆ 蔡元培（前坐者）与中国教育代表团于夏威夷 1921年

◆ 在莫斯科东方大学学习的任弼时（左一），罗亦农（左二），同从国内来的共产国际的刘仁静（左五），张国焘（左四）在莫斯科合影 1923年4月

◆ 北京大学国学门同人在三院译学馆合影。二排左一顾颉刚，第三排左二胡适 1924年

◆鲁迅(前排右三)和木刻讲习会学员合影 1931年

◆ 正在演讲的鲁迅
20 世纪 30 年代

参考文献

基本史料

《民国笔记小说大观》，太原：山西古籍出版社，1995年。

《袁世凯未刊书信稿》，北京：中华全国图书馆文献缩微复制中心，1998年。

曹伯言、季维龙编著：《胡适年谱》，合肥：安徽教育出版社，1989年。

陈金淦编：《胡适研究资料》，北京：北京十月文艺出版社，1989年。

陈锡祺主编：《孙中山年谱长编》，北京：中华书局，1991年。

陈旭麓编：《宋教仁集》，北京：中华书局，1981年。

传誉：《袁世凯传记资料》，台北：天一出版社，1985年。

丁文江、赵丰田编：《梁启超年谱长编》，上海：上海人民出版社，2009年。

杜春和、林斌生、丘权政编：《北洋军阀史料选辑》，北京：中国社会科学出版社，1981年。

端方：《端方书札》，北京，全国缩微中心，1986年。

端方：《端忠敏公奏稿》，影印本。

端方：《陶斋（端方）存牍》，台北：台北"中央研究院"近代史研究所，1997年。

甘厚慈辑：《北洋公牍类纂》，京城益森印刷有限公司，1907年。

甘厚慈辑：《北洋公牍类纂续编》，北洋官报兼印刷局代降雪斋书局，1910年。

高平叔、王世儒编注：《蔡元培书信集》，杭州：浙江教育出版社，2000年。

高平叔撰著：《蔡元培年谱长编》，北京：人民教育出版社，1998年。

耿云志、欧阳哲生编：《胡适书信集》，北京：北京大学出版社，1996年。

耿云志：《胡适年谱》，成都：四川人民出版社，1989年。

故宫博物院明清档案部编：《清末筹备立宪档案史料》，北京：中华书局，1979年。

中国社会科学研究院近代所译：《顾维钧回忆录》，北京：中华书局，1985年。

胡颂平主编:《胡适之先生年谱长编初稿》,台北:联经出版公司,1984年。

季羡林主编:《胡适全集》,合肥:安徽教育出版社,2003年。

孙中山:《孙中山选集》,北京:人民出版社,1957年。

汤志钧编:《章太炎年谱长编》,北京:中华书局,1979年。

唐宝林、林茂生:《陈独秀年谱》,上海:上海人民出版社,1988年。

天津档案馆编:《袁世凯天津档案馆史料选编》,天津:天津古籍出版社,1999年。

王世儒编:《蔡元培日记》,北京:北京大学出版社,2010年。

吴宓:《吴宓自编年谱》,北京:生活·读书·新知三联书店,1995年。

吴天任:《民国梁任公先生启超年谱》,台北:台湾商务印书馆,1988年。

武汉大学历史系中国近代史教研室编:《辛亥革命在湖北史料选辑》,武汉:湖北人民出版社,1981年。

袁世凯:《袁大总统书牍汇编》,缩微。

张国淦编著:《辛亥革命史料》,上海:龙门联合书局,1958年。

张维翰辑:《民初文献一束》,台北:文海出版社,1968年。

章太炎:《章太炎文集》,北京:线装书局,2009年。

中共中央党史研究室:《中国共产党历史大事记》,北京:人民出版社，1991年。

中国蔡元培研究会编：《蔡元培全集》，杭州：浙江教育出版社，1998年。

中国第一历史档案馆编：《清代档案史料丛编》，北京：中华书局，1984年。

中国人民政治协商会议北京市委员会、文史资料委员会编：《文史资料选编》第五辑，北京：北京出版社，1979年。

中国社会科学院近代史研究所编：《五四运动回忆录》，北京：中国社会科学出版社，1979年。

中国史学会主编：《辛亥革命》，上海：上海人民出版社，1957年。

中国政协文史资料委员会编：《辛亥革命回忆录》，北京：文史资料出版社，1961—1982年。

主题书目

《鲁迅全集》，北京：人民文学出版社，1982年。

《南方周末》编：《晚清变局与民国乱象》，北京：北京工业大学出版社，2011年。

《清代名人袁世凯家书》，上海：中央书店，1926年。

《唐绍仪研究论文集》，广州：广东人民出版社，1989年。

爱新觉罗·溥仪：《我的前半生（全本）》，北京：群众出版社，2007年。

北京市政协文史资料委员会、中共河北省秦皇岛市委统战部编:《蠖公纪事——朱启钤先生生平纪实》,北京:中国文史出版社,1991年。

蔡礼强:《晚清大变局中的杨度》,北京:经济管理出版社,2007年。

蔡元培:《蔡孑民先生言行录》,桂林:广西师范大学出版社,2005年。

曹汝霖:《曹汝霖一生之回忆》,北京:中国大百科全书出版社,2009年。

陈平原、郑勇编:《追忆蔡元培》,北京:生活·读书·新知三联书店,2009年。

陈平原:《触摸历史与进入五四》,北京:北京大学出版社,2010年。

陈平原:《老北大的故事》,南京:江苏文艺出版社,1998年。

陈平原:《中国现代学术之建立——以章太炎、胡适之为中心》,北京:北京大学出版社,2010年。

陈平原:《追忆章太炎》,北京:生活·读书·新知三联书店,2009年。

陈宗舜:《末代皇父载沣》,哈尔滨:北方文艺出版社,1987年。

楚双志:《变革中的危机:袁世凯集团与清末新政》,北京:九州出版社,2008年。

戴鸿慈:《出使九国日记》,长沙:岳麓书社,1986年。

丁中江:《北洋军阀史话》,北京:中国友谊出版公司,1992年。

窦坤:《莫理循与清末民初的中国》,福州:福建教育出版社,2005年。

端方:《陶斋藏石记》,台北:艺文印书馆,1976年。

冯玉祥:《我的生活》,哈尔滨:黑龙江人民出版社,1981年。

傅国涌:《1949年:中国知识分子的私人记录》,武汉:长江文艺出版社,2005年。

傅国涌:《主角与配角——近代中国大转型的台前幕后》,武汉:长江文艺出版社,2005年。

高士奇:《金鳌退食笔记》,北京:北京古籍出版社,1980年。

高阳:《晚清中国的政治转型:以清末宪政改革为中心》,北京:中国社会科学出版社,2003年。

耿云志、崔志海:《梁启超》,广州:广东人民出版社,1994年。

耿云志、闻黎明编:《现代学术史上的胡适》,北京:生活·读书·新知三联书店,1993年。

郭剑林:《吴佩孚传》,北京:北京图书馆出版社,2006年。

郭廷以:《近代中国史纲》,北京:中国社会科学出版社,1999年。

韩仲义:《北洋权魔——段祺瑞》,武汉:湖北人民出版社,2010年。

何汉之、杜迈之:《杨度传》,长沙:湖南人民出版社,1979年。

河北省炎黄文化研究会、河北省社会科学院编:《张之洞与中国近代化》,北京:中华书局,1999年。

侯仁之、邓辉:《北京城的起源与变迁》,北京:北京燕山出版社,2001年。

侯宜杰:《20世纪初中国政治改革风潮——清末立宪运动史》,北京:中国人民大学出版社,2009年。

侯宜杰:《袁世凯传》,天津:百花文艺出版社,2003年。

胡兰成:《今生今世》,北京:中国社会科学出版社,2003年。

胡明主编:《胡适精品集》,北京:光明日报出版社,1998年。

胡适口述,唐德刚译注:《胡适口述自传》,桂林:广西师范大学出版社,2005年。

黄仁宇:《从大历史角度读蒋介石日记》,北京:九州出版社,2008年。

来新夏:《北洋军阀史》,天津:南开大学出版社,2000年。

赖光临:《梁启超与近代报业》,台北:台湾商务印书馆,1980年。

黎乃涵:《辛亥革命与袁世凯》,哈尔滨:光华书店,1948年。

黎澍:《辛亥革命前后的中国政治》,北京:人民出版社,1961年。

李剑农:《戊戌以后30年中国政治史》,北京:中华书局,1965年。

李洁:《文武北洋》,桂林:广西师范大学出版社,2006年。

李叔同:《李叔同集》,北京:东方出版社,2008年。

李新主编:《中华民国史》,北京:中华书局,1981年。

李自存:《洹上钓客——袁世凯安阳养疴前后》,郑州:河南人民出版社,1996年。

梁启超:《饮冰室合集·文集》,北京:中华书局,1989年。

凌冰:《最后的摄政王——载沣传》,北京:文化艺术出版社,2006年。

刘成禹:《世载堂杂忆》,太原:山西古籍出版社,1995年。

刘凤翰:《新建陆军》,台北:中央研究院近代史研究所,1967年。

刘刚、李冬君:《通往立宪之路》,北京:北京大学出版社,2011年。

刘再复:《鲁迅传》,北京:人民日报出版社,2010年。

柳白:《历史上的载沣》,北京:中国工人出版社,2007年。

罗荣渠:《现代化新论——世界与中国的现代化进程》,北京:北京大学出版社,1993年。

马勇:《超越革命与改良》,上海:上海三联书店,2001年。

马征:《教育之梦——蔡元培传》,成都:四川人民出版社,1995年。

毛炳汉:《困惑帝王师——杨度别传》,长春:长春出版社,1999年。

南海胤子:《安福祸国记》,温世霖:《段氏卖国记》,北京:

中华书局，2007年。

浦江清：《清华园日记·西行日记》，北京：生活·读书·新知三联书店，1999年。

启功主编：《冉冉流芳惊绝代——朱启钤学术研讨会论文集》，贵阳：贵州人民出版社，2005年。

阮忠枢：《居仁日览》，台北：文海出版社，1968年。

上海市孙中山宋庆龄文物管理委员会编著：《孙中山》，上海：上海教育出版社，2010年。

邵建：《20世纪的两个知识分子——胡适与鲁迅》，北京：光明日报出版社，2008年。

沈云龙：《袁世凯与中华民国》，台北：文海出版社，1966年。

沈祖宪：《容庵弟子记》，台北：文海出版社，1966年。

师永刚、张凡：《蒋介石1887—1975》，北京：华文出版社，2011年。

思公：《晚清尽头是民国》，桂林：广西师范大学出版社，2009年。

苏智良、张华腾、邵雍主编：《袁世凯与北洋军阀》，上海：上海人民出版社，2006年。

孙穗芳：《我的祖父孙中山》，北京：人民出版社，1996年。

孙郁：《鲁迅与胡适》，武汉：长江文艺出版社，2007年。

孙郁：《鲁迅与周作人》，沈阳：辽宁人民出版社，2007年。

孙郁：《在民国》，杭州：浙江人民出版社，2010年。

谭伯牛：《晚清崩溃的最后一个月》，北京：北京大学出版社，2011年。

汤伏祥：《外国人眼中的袁世凯》，广州：广东人民出版社，2008年。

唐德刚：《胡适杂忆》，桂林：广西师范大学出版社，2005年。

唐德刚：《袁氏当国》，桂林：广西师范大学出版社，2004年。

唐振常：《蔡元培传》，上海：上海人民出版社，1985年。

陶菊隐：《北洋军阀统治时期史话》，海口：海南出版社，2006年。

陶菊隐：《筹安会"六君子"传》，北京：中华书局，1981年。

陶菊隐：《近代轶闻》，太原：山西古籍出版社，1995年。

陶菊隐：《狷介与风流：吴佩孚将军传、蒋百里先生传》，太原：山西人民出版社，2007年。

陶菊隐：《袁世凯真相》，北京：线装书局，2008年。

汪荣祖：《康章合论》，北京：新星出版社，2006年。

汪荣祖：《晚清变法思想论丛》，北京：新星出版社，2008年。

王汎森：《章太炎的思想：兼论其对传统儒学的冲击》，台北：花木兰文化出版社，2010年。

王先明：《清王朝的崩溃——1911年中国实录》，天津：天津人民出版社，2006年。

王芸生编：《六十年来中国与日本》，北京：生活·读书·新知三联书店，2005年。

韦庆远、高放、刘文源:《清末宪政史》,北京:中国人民大学出版社,1993年。

文斐:《我所知道的袁世凯》,北京:中国文史出版社,2004年。

闻少华:《汪精卫传》,北京:团结出版社,2007年。

巫鸿:《时空中的美术》,北京:生活·读书·新知三联书店,2009年。

吴春梅:《一次失控的近代化改革:关于清末新政的理性思考》,合肥:安徽大学出版社,1998年。

吴俊:《暗夜里的过客》,上海:东方出版中心,2006年。

吴其昌:《梁启超》,重庆:胜利出版社,1944年。

吴廷燮:《段祺瑞年谱》,濑江浊物:《吴佩孚正传》,北京:中华书局,2007年。

萧功秦:《危机中的变革——清末现代化进程中的激进与保守》,上海:上海三联书店,1999年。

谢本书:《袁世凯与北洋军阀》,上海:上海人民出版社,1984年。

谢兴尧整理:《荣庆日记:一个晚清重臣的生活实录》,西安:西北大学出版社,1986年。

谢一彪、陶侃:《陶成章传》,北京:人民出版社,2009年。

徐爽:《旧王朝与新制度:清末立宪改革纪事》,北京:法律出版社,2010年。

徐盈：《北京围城两月记》，北京：北京出版社，1993年。

徐宗勉等编：《近代中国对民主的追求》，合肥：安徽人民出版社，1996年。

许纪霖、陈达凯主编：《中国现代化史》，上海：上海三联书店，1995年。

薛君度、刘志琴主编：《近代中国社会生活与观念变迁》，北京：中国社会科学出版社，2001年。

杨度：《杨度日记》，北京：新华出版社，2001年。

杨奎松：《毛泽东与莫斯科的恩恩怨怨》，南昌：江西人民出版社，1999年。

杨念群：《"五四"九十周年祭——一个"问题史"的回溯与反思》，北京：世界图书出版公司，2009年。

杨树标、王国永：《袁世凯家事》，南昌：江西人民出版社，2001年。

杨天石：《从帝制走向共和——辛亥革命史事发微》，北京：社会科学文献出版社，1982年。

杨天石：《国民党人与前期中华民国》，北京：中国人民大学出版社，2007年。

杨天石：《蒋介石与南京国民政府》，北京：中国人民大学出版社，2007年。

杨云慧：《从保皇派到秘密党员：回忆我的父亲杨度》，上海：上海文化出版社，1987年。

叶曙明:《大国迷失:帝制崩溃后十字路口的中国》,西安:陕西师范大学出版社,2007年。

余英时:《现代危机与思想人物》,北京:生活·读书·新知三联书店,2012年。

余英时:《重拾胡适历程》,上海:上海三联书店,2012年。

喻血轮:《绮情楼杂记——一个辛亥报人的民国记忆》,北京:中国长安出版社,2011年。

袁世凯:《洹村遗兴》,影印本。

袁仄、胡月:《百年衣裳》,北京:生活·读书·新知三联书店,2010年。

张复合:《北京近代建筑史》,北京:清华大学出版社,2004年。

张海林:《端方与清末新政》,南京:南京大学出版社,2007年。

张海鹏、李细珠:《中国近代通史——新政、立宪与辛亥革命》,南京:江苏人民出版社,2006年。

张华鹏:《北洋集团崛起研究》,上海:复旦大学出版社,2005年。

张华腾、苏全有:《袁世凯与中国现代化》,西宁:青海人民出版社,1999年。

张华腾:《袁世凯与近代名流》,北京:新华出版社,2003年。

张焕宗:《唐绍仪与清末民初政府》,石家庄:河北人民出版社,1998年。

张鸣:《武夫当权——军阀集团的游戏规则》,西安:陕西人民出版社，2008年。

张朋园：《立宪派与辛亥革命》，长春：吉林出版集团，2007年。

张朋园：《梁启超与民国政治》，长春：吉林出版集团有限责任公司，2007年。

张朋园：《梁启超与清季革命》，长春：吉林出版集团有限责任公司，2007年。

张朋园：《中国民主政治的困境》，长春：吉林出版集团有限责任公司，2007年。

张祥斌：《曹锟传》，长春：吉林大学出版社，2010年。

张学继：《袁世凯幕府》，北京：中国广播电视出版社，2005年。

张研：《原来袁世凯》，重庆：重庆出版社，2006年。

张永久：《民国第一家——袁世凯家族》，重庆：重庆出版社，2007年。

张玉法：《清末的立宪团体》，台北：中央研究院近代史所，1982年。

张枬、王忍之编：《辛亥革命前十年间时论选集》，北京：生活·读书·新知三联书店，1978年。

章君谷：《吴佩孚传》（上下），北京：团结出版社，2007年。

章开沅、罗福惠：《比较中的审视：中国现代化的早期研究》，杭州：浙江人民出版社，1991年。

赵杰主编：《辛亥革命与近代中国》，南京：江苏人民出版社，1993年。

赵园:《北京:城与人》,北京:北京大学出版社,2002年。

智效民编:《民主还是独裁——70年前一场关于现代化的论争》,广州:广东人民出版社,2010年。

中共中央文献研究室编、金冲及主编:《毛泽东传（1893—1949）》,北京:中央文献出版社,1996年。

钟珍维、万发云:《梁启超思想研究》,海口:海南人民出版社,1986年。

周作人:《知堂回想录》,石家庄:河北教育出版社,2002年。

朱剑飞主编:《中国建筑60年（1949—2009）历史理论研究》,北京:中国建筑工业出版社,2009年。

朱正:《一个人的呐喊》,北京:北京十月文艺出版社,2007年。

汉译著作

［澳］骆惠敏编,刘桂梁等译:《清末民初政情内幕——乔·厄·莫理循书信集》,上海:知识出版社,1986年。

［澳］西里尔·珀尔著,檀东鍟、窦坤译:《北京的莫理循》,福州:福建教育出版社,2003年。

［美］D. 布迪、C. 莫里斯著,朱勇译:《中华帝国的法律》,南京:江苏人民出版社,1998年。

［美］埃德加·斯诺著,董乐山译:《西行漫记》,北京:解

放军文艺出版社，2002年。

〔美〕布莱克著，段小光译：《现代化的动力》，成都：四川人民出版社，1988年。

〔美〕布赖恩·克罗泽著，封长虹译：《蒋介石传》，北京：国际文化出版公司，2010年。

〔美〕费慰梅著，成寒译：《林徽因与梁思成》，北京：法律出版社，2010年。

〔美〕费慰梅著，成寒译：《中国建筑之魂——一个外国学者眼中的梁思成林徽因夫妇》，上海：上海文艺出版社，2003年。

〔美〕费正清著，陆惠勒等译：《费正清对华回忆录》，上海：知识出版社，1991年。

〔美〕费正清、赖肖尔著，陈仲丹等译：《中国：传统与变革》，南京：江苏人民出版社，1992年。

〔美〕费正清、刘广京编：《剑桥中国晚清史》，北京：中国社会科学出版社，2006年。

〔美〕费正清编：《剑桥中华民国史》，北京：中国社会科学出版社，2006年。

〔美〕格里德著，鲁奇译：《胡适与中国的文艺复兴》，南京：江苏人民出版社，2010年。

〔美〕格里德著，单正平译：《知识分子与现代中国》，桂林：广西师范大学出版社，2010年。

〔美〕塞缪尔·P.亨廷顿著，王冠华等译：《变化社会中的政治秩序》，北京：生活·读书·新知三联书店，1989年。

［美］吉尔伯特·罗兹曼主编，陶骅等译：《中国的现代化》，上海：上海人民出版社，1989年。

［美］拉尔夫·尔·鲍威尔著，陈泽宪、陈霞飞译：《1895—1912年中国军事力量的兴起》，北京：中国社会科学出版社，1979年。

［美］任达著，李仲贤译：《新政革命与日本：中国，1898—1912》，南京：江苏人民出版社，1998年。

［美］韦慕庭著，杨慎之译：《孙中山：壮志未酬的爱国者》，北京：新星出版社，2006年。

［美］张灏著，崔志海、葛夫平译：《梁启超与中国思想的过渡》，南京：江苏人民出版社，1997年。

［日］宫崎滔天著，林启彦译：《辛亥记忆：三十三年之梦》，桂林：广西师范大学出版社，2011年。

［日］佐藤铁治郎：《一个日本记者笔下的袁世凯》，天津：天津古籍出版社，2005年。

［英］乔纳森·芬比著，陈一鸣译：《蒋介石传》，北京：中国青年出版社，2011年。

［英］庄士敦著，陈时伟等译：《紫禁城的黄昏》，济南：山东画报出版社，2007年。

胡滨泽：《英国蓝皮书有关辛亥革命资料选译》，北京：中华书局，1984年。

汤伏祥:《外国人眼中的袁世凯》,广州:广东人民出版社,2008年。

郑曦原编:《帝国的回忆——〈纽约时报〉晚清观察记》,北京:三联书店,2001年。

中国社会科学院近代史研究所中华民国研究室主编:《日本外交文书选译——关于辛亥革命》,北京:中国社会科学出版社,1980年。

期刊报纸

[苏联]赫菲茨:《二十世纪初俄中两国人民之间的革命联系》,《史学译丛》,1957年第5期。

蔡伟:《从能臣到军阀之路》,《三联生活周刊》2011年第3期。

陈杰:《孙中山三次北京之行》,载中国人民政治协商会议北京市委员会、文史资料研究委员会编:《文史资料选编》第十九辑,北京:北京出版社,1984年。

瞿骏:《文明的痛苦与幸福》,《读书》2011年第2期。

李鸿谷:《辛亥年间的中国政治格局》,《三联生活周刊》2011年第3期。

李鸿谷:《一个家族的国家危机》,《三联生活周刊》2011年第15期。

李伟:《被四面夹击的胡适》,《三联生活周刊》2012年第21期。

李伟:《不合时宜的歧路》,《三联生活周刊》2012年第21期。

李伟:《何去何从:残局中的"过河卒"》,《三联生活周刊》2012年第21期。

李伟:《批评者的跌宕起伏》,《三联生活周刊》2012年第21期。

李伟:《破壁者的"文艺复兴"》,《三联生活周刊》2012年第21期。

李伟:《晚年胡适:美国、台湾与蒋介石》,《三联生活周刊》2012年第21期。

李宗陶:《胡适,此生粘着"自由"行》,《南方人物周刊》2012年第9期。

刘东:《衰朽政治中的自由知识分子》,《读书》1989年第5期。

王恺:《袁世凯:一个实用主义者的人际与权谋》,《三联生活周刊》2011年第3期。

王冶秋:《难忘的记忆》,《人民日报》1978年7月30日。

徐春柳、汪城、杨华云:《先生革命之行始于京终于京》,《新京报》2006年11月30日。

张鸣:《革命:摇晃的中国》,《读书》2011年第1期。

朱步冲:《末世摄政王载沣的角色》,《三联生活周刊》2011

年第 15 期。

朱步冲:《袁世凯——踯躅在新旧时代间的领袖》,《三联生活周刊》,2011 年第 3 期。

资中筠:《关键在于立宪》,《读书》,1998 年第 11 期。

学位论文

和灏:《申报视野下的袁世凯与帝制》,上海:华东师范大学,2007 年硕士学位论文。

胡红霞:《时事新报视野下的袁世凯与帝制》,上海:华东师范大学,2008 年硕士学位论文。

王铁:《新闻报视野下的袁世凯与帝制》,上海:华东师范大学,2008 年硕士学位学位。

翟海涛:《早期现代化中的地方督抚——以端方为例的研究》,苏州:苏州大学,2003 年硕士学位论文。

志武:《载沣研究》,广州:中山大学,2003 年硕士学位论文。

庄张峰:《朱启钤与北京市政建设》,北京:首都师范大学,2007 年硕士学位论文。